উত্তৰ পূৰ ভাৰতৰ হাজং জনগোষ্ঠী সমাজ আৰু সংস্কৃতি

অধ্যক্ষ ভৱানন্দ ডেকা

সম্পাদনা অৰ্ণৱ জান ডেকা

Principal Bhabananda Deka is a well-known academic of the State of Assam. He together with subordinates were instrumental behind the introduction of Assamese language in MIL Department of Delhi University (DU). They successfully convinced the then UGC chairman D S Kothari in this regard. Despite his academic background in Economics, he was interested in Assamese literature too. A regular contributor to various literary journals of the State in his student life, he still contributes articles on Satriya Culture to prominent Assamese newspapers. He has written more than a hundred books, on topics ranging from Economics to Assamese literature. Influenced by Sankari culture at an early age, he was instrumental in setting up Belbari Satra (Vaisnavite Monastery).

---**Hindustan Times**, *18 August, 2001*

মই বহুদিন ধৰি উপলব্ধি কৰি আহিছো যে কামৰূপৰ বহুকেইজন ব্যক্তিৰ আশাশুধীয়া, নিঃস্বাৰ্থ, নিৰলস পৰিশ্ৰম অবিহনে অসমীয়া জাতিয়ে জাতি হিচাবে থিয় দিবই নোৱাৰিলেহেঁতেন। আমাৰ সমসাময়িকসকলৰ ভিতৰত প্ৰয়াত ভৱানন্দ ডেকা আছিল তেনে এজন নিৰ্ভাঁজ দেশপ্ৰেমিক। অসমীয়া সমাজ-সংস্কৃতি উন্নত আৰু সমৃদ্ধ কৰিবলে তেওঁ আমৃত্যু কাল ঐকান্তিক চেষ্টা চলাই গৈছিল। তেওঁ সাহিত্য, ইতিহাস, লোক সংস্কৃতি, বৈষ্ণৱ ধৰ্ম আৰু কৃষ্টি আৰু অৰ্থনীতিৰ বিষয়ে শতাধিক প্ৰবন্ধ ৰচনা আৰু প্ৰকাশ কৰাৰ উপৰিও ৩৭ খন অসমীয়া আৰু ১০ খন ইংৰাজী গ্ৰন্থ প্ৰকাশ কৰে। অপ্ৰকাশিত গ্ৰন্থও আছে ৬৭ খন। এই বিলাকত তেওঁৰ অনুসন্ধিৎসা, গৱেষণাৰ ক্ষমতা আৰু মেধা প্ৰতিফলিত হৈছে। তদুপৰি অসমৰ সমাজ-সংস্কৃতিৰ বিস্তৃত, গভীৰ অধ্যয়ন আৰু উদাৰ মনোভাৱ এই সকলো ৰচনাত উপলব্ধি কৰিব পাৰি। এনে ধৰণৰ লিখা-মেলাৰ উপৰি শংকৰী কৃষ্টি আৰু অসমীয়া সংস্কৃতিৰ প্ৰচাৰৰ উদ্দেশ্যে আৰু আন কিছুমান সমাজ হিতৈষী কাম-কাজত তেওঁ দীৰ্ঘকাল ধৰি জড়িত আছিল। তেওঁৰ জীৱন আৰু কৃতিৰ এইবোৰ দিশ গোহৰিলৈ আনিছে তেওঁৰ উদ্যোগী পুত্ৰ অৰ্ণৱ জান ডেকাই।

—ড° হীৰেন গোহাঁই, *অসমীয়া খবৰ, ৩১ আগষ্ট ২০০৭*

Principal Bhabananda Deka was the first Assamese economist-litterateur to initiate Assam-specific study and research of local economy and other social aspects. Apart from authoring total one hundred fifteen books, he wrote in famous literary journals like Awahon, Ramdhenu, Amar Protinidhi, Manideep, Natun Asomiya, Asam Bami, Dainik Asam etc right from mid-1950s. Just before his death on 4 Dec 2006 he finished English prose-translation of timeless Assamese classic 'Kirtan Ghosa' of Srimanta Sankardev. During his Delhi stint as senior bureaucrat, he played a pivotal role in setting up Assamese Departments in UPSC and Delhi University during 1968-69. He was instrumental in bringing Hollywood personalities to Guwahati in 1995 and subsequent production of first one hour documentary film on life and works of Srimanta Sankardev in 1996. Because of his untiring efforts, this film was screened in the USA, Canada and other countries, and preserved in the National Museum of Switzerland. In recognition of his pioneering role as economist his death anniversary is observed every year as 'Artha Divas' or Day of Economics.

---The Sentinel, 4 December 2014

To all avid research scholars and students of Assam Economics, Principal Bhabananda Deka is a very familiar name as the pioneer of study and research on Assam's Economy in its local language. Yes, this legendary personality was the first Assamese Author on Assam Economics and Civics, as well as a renowned Littérateur, Research Scholar and Educationist. He had been rightfully bestowed with the title of 'Asom Ratna' ('Jewel of Assam') by his admirers and senior intellectuals of Assam as he had served the cause of Assam and Assamese all throughout his outstanding life.

--- **Sneha M Hazarika**, *Research Fellow & former journalist, Trinidad & Tobago;* **Luit to Thames, London**, *19 February 2015*

Principal Bhabananda Deka, a great visionary socialist and the lone face of state's economy, has been the resonant voice of the pillars of strong foundation in economic theory and quantitative tools of economic analysis. A pioneer in study and research on Assam Economy, he was a well known unsung hero for all. A revolutionary Assamese, he initiated Assam-specific study and research of local economy and other social aspects. He exemplifies the qualities that have often turned the most complex challenges into the strongest champions of economical lifestyle, rationalism, and secularism. Indian music legend Dr Bhupen Hazarika once conceived the idea of making a biopic on his contributions towards the economic growth for the mankind. As a tribute to the visionary filmmaker, some footage of few scenes directed by him have been incorporated in a documentary highlighting pioneering works of Principal Bhabananda Deka in transforming the visionary imagination that integrates social concerns with creative expression on various aspects of literature and heritage of Assam. Apart from that, the film emphasizes upon the rural areas, its culture, its ethnicity, incorporating soulful classical music and dance forms and other aspects of Assam. The intellectual vigour that combines academic excellence, visionary imagination and administrative acumen on different aspects of the sphere is inimitable for all the generations to imbide the rich socio-cultural heritage of Assam.

--- ***The Assam Tribune,*** *24 January 2015*

তেওঁৰ প্ৰতি মোৰ শ্ৰদ্ধা অনন্য আছিল। তেওঁ অসমৰ বাবে চিন্তা কৰিছিল। অসমৰ প্ৰকৃত ছবিখন বাহিৰত দাঙি ধৰিবৰ বাবে চেষ্টা কৰিছিল। তেওঁৰ কথা অসমৰ সকলো মানুহে সদায়ে বৰ শ্ৰদ্ধাৰে স্মৰণ কৰিব।

—ড° *মামণি ৰয়ছম গোস্বামী, জ্ঞানপীঠ আৰু প্ৰিন্স ক্লজ বঁটা বিজয়ী ঔপন্যাসিক*
প্ৰাক্তন মুৰব্বী অধ্যাপক, আধুনিক ভাৰতীয় ভাষা বিভাগ, দিল্লী বিশ্ববিদ্যালয়,
গৰীয়সী, ফেব্ৰুৱাৰী ২০১২

শ্রদ্ধেয় ভৱানন্দ ডেকা আছিল এগৰাকী অনুকৰণীয় শিক্ষাবিদ। পুৰণি অসমীয়া সাহিত্যৰ ব্যাপক আধ্যয়ন কৰা এই গৰাকী ব্যক্তিৰ লগত শংকৰী সাহিত্যৰ পৰ্যালোচনা কৰি তেখেতৰ সমালোচনামূলক দৃষ্টিভংগীৰ বাবে মই আচৰিত হৈছিলো। অসম আৰু অসমীয়াপ্রীতিৰ বাবেই অৰ্থনীতিৰ ছাত্র হৈও তেওঁ অসমীয়া সাহিত্য চৰ্চাত মনোনিৱেশ কৰিছিল। আটাইতকৈ গুৰুত্বপূৰ্ণ কথাটো হ'ল, তেওঁৰ শংকৰী সাহিত্যৰ অধ্যয়ন। শ্রীমন্ত শংকৰদেৱৰ সৰ্বোত্তম গ্রন্থ 'কীৰ্তন'ৰ তেওঁ ইংৰাজী অনুবাদ কৰি গৈছে। ইয়াৰ গুৰিতে, অসমীয়া ভাষা-সাহিত্যৰ লগত দেশ-বিদেশৰ পণ্ডিতক পৰিচয় কৰি দিয়াৰ হেঁপাহ। একেদৰে, কেন্দ্রীয় লোকসেৱা আয়োগত অসমীয়া ভাষাক সৰ্বভাৰতীয় সেৱাৰ পৰীক্ষাৰ এটা বিষয় হিচাপে সুপ্রতিষ্ঠা কৰাৰ গুৰিয়াল ব্যক্তিগৰাকীও আছিল ডেকা। দিল্লী বিশ্ববিদ্যালয়ত আধুনিক ভাৰতীয় ভাষা বিভাগত 'অসমীয়া'ক এটা মৰ্যাদাপূৰ্ণ স্থান দিয়াৰ ক্ষেত্রতো তেওঁৰ অৰিহণা আছিল। একে সময়তে, দিল্লীত তেওঁ 'অসমীয়া সাহিত্য সমাজ' গঠন কৰি আলোচনা-চক্রৰ সূচনা কৰিছিল। মুঠতে, য'তেই তেওঁ কিবা অলপ সুবিধা পাইছিল, ত'তেই অসমীয়া ভাষা-সাহিত্যৰ চৰ্চাৰ দ্বাৰা অসমখনৰ, অসমীয়া জাতিটোৰ উন্নতিকল্পে কাম কৰিছিল। তেওঁ অবিভক্ত কামৰূপ জিলাৰ গ্রামাঞ্চলত চাৰিখনমান কলেজ প্রতিষ্ঠাৰ লগতে শিৱসাগৰৰ তামুলীছিগাত কলেজ পতাত যথেষ্ট সহায় কৰিছিল। শিক্ষাৰ জগতত ডেকাৰ ভূমিকা ঘাইকৈ গাওঁ অঞ্চলৰ বাইজে পাহৰিব নোৱাৰে।

—ড° *সত্যেন্দ্র নাৰায়ণ গোস্বামী, প্রাক্তন ৰবীন্দ্রনাথ ঠাকুৰ অধ্যাপক, আধুনিক ভাৰতীয় ভাষা বিভাগ, গুৱাহাটী বিশ্ববিদ্যালয়, আজিৰ দৈনিক বাতৰি, ১৪ ডিচেম্বৰ ২০০৬*

অসমৰ বিশিষ্ট অৰ্থনীতিবিদ, গৱেষক পণ্ডিত, শিক্ষাবিদ, সমাজসেৱী, নীৰৱ সাধক অধ্যক্ষ ভৱানন্দ ডেকাৰ বিয়োগত অসমৰ সাংস্কৃতিক জীৱনৰ অপূৰণীয় ক্ষতি হ'ল। অৰ্থনীতিৰ পৰা বৈষ্ণৱ সাহিত্যলৈ প্রভাৱ বিস্তাৰ কৰা এইগৰাকী ব্যক্তিৰ দৰাচলতে অসম আৰু অসমীয়া প্রীতি আছিল অপৰিসীম। তেওঁৰ ৰচিত অৰ্থনীতিৰ পুথিসমূহে কেৱল ছাত্রকেই নহয়, অসমৰ অৰ্থনীতি জানিবলৈ বিচৰাসকলকো বিশেষভাৱে সহায় কৰিছিল। কে'বাখনো উচ্চ শিক্ষাৰ অনুষ্ঠানৰ প্রতিষ্ঠাপক শিক্ষাবিদ এইগৰাকী প্রচাৰবিমুখ নিৰহংকাৰী ব্যক্তিয়ে ওৰেটো জীৱন অসমীয়া সমাজৰ বিভিন্ন দিশৰ উন্নয়নৰ হকে আত্মোৎসৰ্গ কৰি গ'ল। বৈষ্ণৱ সাহিত্যৰ একনিষ্ঠ সাধক ডেকাই কৰ্মব্যস্ততাৰ মাজতে কে'বাখনো মূল্যবান পুথি ৰচনা কৰি গৈছে। এইবোৰে ভৱিষ্যতৰ গৱেষকসকলক উদ্‌গণি যোগাব।

—*কনকসেন ডেকা, সভাপতি, অসম সাহিত্য সভা*

তেওঁৰ অর্থনীতি, লোককৃষ্টি, সমাজসেৱা, বৈষ্ণৱ ধর্ম তথা সত্র-সংস্কৃতিৰ বিষয়ত থকা বিস্তৃত অধ্যয়ন আৰু মূল্যবান ৰচনাৱলীৰ পূর্ণাংগ প্রকাশ হ'লে অসমৰ ভাষা-সাহিত্য-সংস্কৃতিৰ ভঁৱালৈ বহুমুখী সম্পদৰ সংযোগ হ'ব।

এজন বিশিষ্ট শিক্ষাবিদ, বুদ্ধিজীৱী আৰু সুনিপুণ লেখক অধ্যক্ষ ভৱানন্দ ডেকা মৃত্যুৰ দিনলৈকে সামাজিক কাম, বৌদ্ধিক চর্চা আৰু সৃষ্টিশীল কামত ব্রতী আছিল।

অধ্যক্ষ ভৱানন্দ ডেকাই জীৱিত কালত অসমৰ শিক্ষা, অর্থনীতি, ধর্ম বা সমাজ জীৱনৰ উৎকর্ষৰ হকে যিখিনি কাম কৰি থৈ গ'ল সেই মহান কর্মৰাজিয়ে অসমৰ সর্বাংগীণ উৎকর্ষৰ বাবে আগবাঢ়ি অহা চিন্তাশীল, বিবেকৱান কর্মনায়ক বা কর্মী বাহিনীক চিৰকালেই প্রেৰণা যোগাই থাকিব। বোধকৰোঁ অসমৰ চিন্তানায়কসকলেও এনেদৰে আহিব ধৰা দিনবোৰত আমাক এই নৈৰাজ্য আৰু নৈৰাশ্যৰ সীমা অতিক্রমি হিমশীতল মৃত্যুৰ জঠৰতাক আওকাণ কৰিবলৈ অসীম সাহস যোগাব। সাইলাখ অধ্যক্ষ ভৱানন্দ ডেকাৰ দৰে। নীৰৱে, নিঃস্বার্থভাৱে। খ্যাতিৰ অহংকাৰ বা মানুহৰ ভেদা-ভেদ পাহৰি...। কেন্দ্রীয় চৰকাৰৰ লোকসেৱা আয়োগৰ উচ্চ পদত অধিষ্ঠিত প্রথম অসমীয়া বিষয়া তেৰেঁই আছিল। এই আয়োগৰ বিভিন্ন পৰীক্ষাত তথা দিল্লী বিশ্ববিদ্যালয়ত অসমীয়া ভাষাক মাধ্যম আৰু বিষয় হিচাপে অন্তর্ভুক্ত কৰাৰ কৃতিত্বও তেওঁৰ। কেৱল শিক্ষা জগততে ডেকাৰ অৱদান সীমাবদ্ধ নাছিল; সাহিত্য-সংস্কৃতি, ধর্ম, অর্থনীতি আৰু আধ্যাত্মিকতাৰ জগততো তেওঁ প্রভূত অৱিহণা যোগাই থৈ গৈছে। কর্মজীৱনৰ অসীম ব্যস্ততাৰ মাজতো ডেকাই এশখনতকৈও অধিক গ্রন্থ আৰু অজস্র লেখা এৰি থৈ গৈছে। বিশেষকৈ তেওঁৰ নাতিকলেৱৰ সুখপাঠ্য ইংৰাজী গ্রন্থ Sreemanta Sankardeva অনা-অসমীয়া পাঠকসকলৰ বাবে মহাপুৰুষগৰাকীৰ বহুমুখী প্রতিভা তথা অসমৰ জাতীয় জীৱনত তেওঁৰ বহুমূল্য অৱদানৰ কথা উপলব্ধি কৰাত সহায়ক হ'ব। ডেকাছাৰৰ সান্নিধ্যলৈ অহাৰ সৌভাগ্য মোৰ ঘটা নাছিল যদিও দূৰৰ পৰা এইগৰাকী কীর্তিমান পুৰুষৰ চিন্তাৰ পোহৰেৰে আলোকিত হৈছিলোঁ। এই পোহৰেৰে আমাৰ নতুন প্রজন্মই নিশ্চয় এদিন বাট বিচাৰি পাব।

Bhabananda Deka

Born on 19 August 1929 at Byaskuchi Satra
Died on 4 December 2006 at Guwahati

উত্তৰ পূৰ্ব ভাৰতৰ হাজং জনগোষ্ঠী

সমাজ আৰু সংস্কৃতি

অধ্যক্ষ ভৱানন্দ ডেকা

সম্পাদনা
অৰ্ণৱ জান ডেকা

অধ্যক্ষ ভৱানন্দ ডেকা ফাউণ্ডেছন
নলিনী প্ৰভা ডেকা ফাউণ্ডেছন
অসম ফাউণ্ডেছন-ইণ্ডিয়া

A research oriented book on indigenous Hajong tribe of Assam and Northeast India authored by pioneer Assam economist and famous litterateur of 'Awahon-Ramdhenu Era' of Assamese literature Principal Bhabananda Deka, edited by Er. Arnab Jan Deka, BE(Civil), PGDCA, PGDJMC, LLB, MCJ, award winning Assamese short story writer, novelist, columnist, television actor, film director, screenwriter, jurist, eco-technocrat, mass communicator and river engineer of international repute.

First Edition : 15 February 2018
Second Edition : 16 February 2018

Arnab Jan Deka asserts the moral right to be identified
as the Editor of this work.

If you have any question or comment concerning this book,
please contact either the Editor or the Publisher.

ISBN-13: 978-1985446151
ISBN-10: 1985446154

Published by :
Principal Bhabananda Deka Foundation *in association with*
Assam Foundation-India & Nalini Prava Deka Foundation,
28, Pub Sarania Hill Side Road, Guwahati - 781007, Assam, INDIA
E-mail : assamfoundationindia@gmail.com
Phones : (0091) 995-481-6628, (0091) 908-505-8782

Printed and bound in the USA by CreateSpace

অসমীয়া জাতীয় পৰম্পৰা নিভাঁজ ৰূপত অনুশীলন আৰু প্ৰতিপালন কৰি
জাতিটোক ঐশ্বৰ্যশালী কৰি অকালতে ধৰাধামৰ পৰা বিদায় লৈয়ো নিজৰ
বৌদ্ধিক কৰ্মৰ মাজেৰে অসমৰ সামাজিক আৰু বৌদ্ধিক ক্ষেত্ৰক গৰিমামণ্ডিত
কৰি ৰখা যুগজয়ী সাহিত্যিক-দম্পতি
অধ্যক্ষ ভৱানন্দ ডেকা আৰু নলিনী প্ৰভা ডেকাৰ
পৱিত্ৰ স্মৃতিত আন্তৰিক শ্ৰদ্ধাঞ্জলি।

গংগানগৰ নগৰ হাজংৰে চক্ৰবৰ্তে সৰিল দোৱাবাসে। কেৰ্ডন চৌধাৰী বৰ্ষম সময়স। ধাৰ্মকাৰ্জনিৰ যোগাৰ শহলেপাৰী যে আছিল যদিও অসম টেইয়ামকপৱা আছনীৱ আহিয়ে বুলি জানি পুস্তক-নাটিয়েলকইলৰ সম্যায়ত এটি অৱনী অৱখজলন বৰাৱহান দুকলি অংশৰ কথধৰলি বছিছিল।

পশ্চিম গাৰোৱাপায়ম জিলাৰ অৱস্থিত হাজং জনগোষ্ঠীৰ জনগোষ্ঠীৰ গীত সেমলৱৰ বাজৱাৰ ৱাংস যে পৰিছিল। আৰো পূৰ্ব আৱস নিজৱামন সময়তো ডেকে নম গীত আৰু এছেলা পূৱ পাকিত্ৰাডেন দামনি তৈছিল, আৰু বৰ্তমান বাংলাদেশন পৱিৱীৱাতে কথমৰলি অছিৱে ৰখৱা কৰি আয়ে। কিন্তু বাৰ্জনীৱিয়েৱে এইসকলৰ খিলস্ৰীৱা লোকক অসমীয়া ভাষাৰ সৈতে প্ৰাচীন সম্পৰ্কৰ ঐতিহ্য পায়ৱৱ পৱা নাই। অতিমধুৰ হাজং ভাষাৰ কেৱলেৱেত ৱধা কৱা। ৱামৱকল-

গীতসমূহৰ অসিৱাসৰকলে নিজৰকে অসমীয়া বুলি গৌৱৱ মহকাৱে পৰিচয় দি আহিছে। কিন্তু বৈৱৰমান অসমীয়াসৱৰে পায়গল এই জাতি-ভাষীসকলক পাহৰি যেৱে। বাৰ্লীহিৰ পাকচক্ৰৰ পদি আমপতি, জেলপাৰ, দুফৰি, কাটুনী, বৌসিং, কুলি, ঝিকজন, তৈকৰকণী, কলেৱল, গোফৰে, কুনমতি, বাহহামে, কোদালধৱা, ঝিসগৰুৱি, ঊনকৱানী, কয়লীঠ, বেদেৱকণ, যাধবুৱা, হাপাপাৱ, পুৱৰুৱি, দুৱৰুৱি, মহেন্দ্ৰগঞ্জ, লাহ, কাচেনীঠ, কুৱমতিন হয়ে অনেক অসমীয়া।

গোৱালপাৰাৰ কথিত ভাষাৰ সৈতে খুব সাদৃশ আয়ে। কোচ-বাজনাংশীন সোৱসন সৈতে বেশি অংন চলা। কেৱলেৱেত ব্ৰহ্মপুৱন পাৱন তৈৱাৱৰ অসমীয়াৰ সৈতে মিত্ৰিৱৰ সম্পৰ্ক বৰিৱ সোযোৱেৱ। কিন্তু বৈৱৰমান অসমীয়াৱই কেৱলেৱসৱক কিতাৱে বুলি কেৱলেৱাতে ভৱিৱৱেন সুৱিধাই পোৱা নাছিল। সেয়ৱে এতিয়া পূৰ্ৱনিৱৰ্তিয়া যে পৱা সেই ব্ৰহ্মপুৱন পাৱৱনৱা বৈৱৰমান কোনোৱা অনুৰ পূৰ্ৱি মিত্ৰিৱন দৱৱৱন অহৱ ৱৰি অীকেৱৱলি ন'ৱাডেন অৱলৱাৱী অৱৱা ৱৱনৱটো

দুফৰি গাঁৱৰ নিৰঞ্জনা আইতা

অৰ্ণৱ জান ডেকা

প্ৰান্তিক ১ অক্টোবৰ ২০১৭।।৪১।।

অসমৰ শীৰ্ষস্থানীয় সাহিত্যালোচনী 'প্ৰান্তিক'ত হাজং জনগোষ্ঠীৰ বিষয়ে প্ৰকাশিত প্ৰথমটো গল্প অৰ্ণৱ জান ডেকাৰ 'দুফৰি গাঁৱৰ নিৰঞ্জনা আইতা'ৰ সৈতে সংগতি ৰাখি বিশিষ্ট চিত্ৰশিল্পী ৰবীন বৰুৱাই অংকন কৰা ৰেখাচিত্ৰত হাজং গাভৰুসকলৰ সৈতে প্ৰয়াত গৱেষক অধ্যক্ষ ভৱানন্দ ডেকা আৰু প্ৰখ্যাত হাজং গায়িকা নিৰঞ্জনা হাজং

OFFICE OF THE

ALL ASSAM HAJONG STUDENTS' UNION

সদৌ অসম হাজং ছাত্ৰ সন্থা

Bonda, Narengi, Guwahati-26
Dist. Kamrup (M), Assam
Estd. 1987

President	**Ph.: 9954273527**	*Gen. Secretary*
Sanjib Kr. Hajong	**email ID : sanjib_kr27@rediffmail.com**	*Bijoy Kr. Hajong*

অসমৰ সাহিত্য সংস্কৃতিৰ একনিষ্ঠ সেৱক অধ্যক্ষ ভৱানন্দ ডেকাই তেওঁৰ জীৱিত কালতে উত্তৰ-পূৱ ভাৰতৰ ভূমিপুত্ৰ হাজং জনগোষ্ঠীৰ বিষয়ে হাজং জনবসতি থকা বিভিন্ন অঞ্চলত গৈ বহু কষ্টৰ মাজেৰে জনগোষ্ঠীটিৰ পটভূমি, ভাষা-কৃষ্টি, কলা-সংস্কৃতি, আৰ্থসামাজিক পৰিৱেশ ইত্যাদিৰ ওপৰত গৱেষণা কৰি গ্ৰন্থ প্ৰকাশ কৰাৰ পদক্ষেপ লৈছিল যদিও সেইয়া তেওঁৰ জীৱিত কালত নানান কাৰণত সম্ভৱপৰ হৈ নুঠিল। আমি এতিয়া জানিবলৈ পাই অতি সুখ অনুভৱ কৰিছো যে, তেওঁৰেই সুযোগ্য সন্তান গল্পকাৰ আৰু উপন্যাসিক ৰূপে জনপ্ৰিয়তা অৰ্জাৰ লগতে ব্ৰহ্মাপুত্ৰ নদীৰ গৱেষণাৰে বিশ্বজুৰি পৰিচিত হৈ পৰা পৰিৱেশ-প্ৰযুক্তিবিদ শ্ৰীযুত অৰ্ণৱজান ডেকাৰ সম্পাদনাত "অধ্যক্ষ ভৱানন্দ ডেকা ফাউণ্ডেচন"এ "উত্তৰ-পূৱ ভাৰতৰ হাজং জনগোষ্ঠী- সমাজ আৰু সংস্কৃতি" নামেৰে এখনি গ্ৰন্থ প্ৰকাশ কৰিব। আশা কৰিছো উক্ত গ্ৰন্থখনে উত্তৰ-পূৱ ভাৰতত ক্ষুদ্ৰ ক্ষুদ্ৰ ভাগত বিভক্ত হৈ বসবাস কৰি থকা হাজং জনগোষ্ঠীৰ পটভূমি, ভাষা-সংস্কৃতি, সামাজিক ৰীতি-নীতি, কলা-কৃষ্টি ইত্যাদি দিশবোৰ সঠিক ভাৱে প্ৰতিফলিত কৰিব।

গ্ৰন্থখনে পাঠক সমাজ, হাজং জনগোষ্ঠীৰ বিষয়ে জানিব বিচৰা সুধী সমাজ আৰু হাজং জনগোষ্ঠীৰ ওপৰত গৱেষণা কৰা ছাত্ৰ-ছাত্ৰী তথা গৱেষক সকলৰ পৰা সমাদৰ লাভ কৰিব বুলি আশা কৰিলো।

ইতি-

(সঞ্জীৱ কুমাৰ হাজং)
সভাপতি

(বিজয় কুমাৰ হাজং)
সাধাৰণ সম্পাদক

সদৌ অসম হাজং ছাত্ৰ সন্থা

সম্পাদকীয়

অসমৰ খিলঞ্জীয়া হাজং জনগোষ্ঠীৰ বিষয়ে প্ৰয়াত গৱেষক অধ্যক্ষ ভৱানন্দ ডেকাৰ গৱেষণা গ্ৰন্থ

অসমৰ বিভিন্ন খিলঞ্জীয়া জনগোষ্ঠীৰ সমন্বয়তে অসমীয়া জাতি গঢ় লৈ উঠিছে। 'অসমীয়া' বুলি নিৰ্দিষ্ট বিশেষ এটা জনগোষ্ঠী নাই। এই সহজ সত্যটোকে বহুতে পাহৰি থাকে বাবেই অসমীয়া জাতিগঠন প্ৰক্ৰিয়াটোত মাজে মাজে বাধা আহি পৰে। 'প্ৰকৃত অসমীয়া'ৰ সংজ্ঞা বিচাৰি আজি হাবাথুৰি খোৱা অসমীয়া বুদ্ধিজীৱী আৰু ৰাজনীতিকে ২০০৬ চনৰ চাৰি ডিচেম্বৰত নীৰৱে ইহলীলা সামৰি ধৰাধামৰ পৰা বিদায় লোৱা একনিষ্ঠ গৱেষক আৰু 'আৱাহন-ৰামধেনু যুগ'ৰ শীৰ্ষস্থানীয় সাহিত্যিক-অৰ্থনীতিজ্ঞ অধ্যক্ষ ভৱানন্দ ডেকাই তেখেতৰ জীৱনজোৰা গৱেষণাৰ অন্তত এৰি যোৱা ফচলসমূহলৈ মন দিয়া হ'লে অতি সহজে সেই সংজ্ঞা আৱিষ্কাৰ কৰিলেহেঁতেন। অসমৰ বাটকটীয়া অৰ্থনীতিবিদ হিচাপে অসমৰ অৰ্থনীতিৰ শক্তিশালী ভেঁটি প্ৰতিষ্ঠা কৰি যোৱা এই যুগদ্ৰষ্টা অসমীয়া সিংহপুৰুষজনাই দিল্লী বিশ্ববিদ্যালয় আৰু কেন্দ্ৰীয় লোকসেৱা আয়োগত ১৯৬৮-৬৯ চনতে অসমীয়া বিভাগ প্ৰতিষ্ঠা কৰি অসমৰ বাহিৰত প্ৰথমবাৰলৈ চৰকাৰী পৰ্যায়ত অসমীয়া ভাষা-সাহিত্যৰ গৰিমা বিস্তাৰিত কৰি ইতিহাস ৰচনা কৰি গৈছে। তেখেতৰ উদ্যোগতে মহাপুৰুষ শ্ৰীমন্ত শংকৰদেৱৰ জীৱন আৰু কৰ্মৰ আধাৰত ১৯৯৬ চনত নিৰ্মিত প্ৰথমখন চলচ্চিত্ৰৰ আন্তৰ্জাতিক প্ৰিমিয়াৰ আমেৰিকা যুক্তৰাষ্ট্ৰৰ আটলান্টিক চিটি আৰু চমাৰ্ছেট মহানগৰীত ১৯৯৭ চনৰ ৪ জুলাই তাৰিখে আমেৰিকাৰ স্বাধীনতা দিৱসত অনুষ্ঠিত হৈছিল, যি অকল্পনীয়-অসাধাৰণ কামেৰে তেখেতে অসমীয়া জাতিক চিৰকলীয়া কৃতজ্ঞতাপাশত বান্ধি গৈছে। বহিৰ্বিশ্বত অসমীয়া জাতিৰ গৰিমা প্ৰচাৰ-প্ৰসাৰতে নিজৰ দায়িত্ব সমাপন নকৰি তেখেতে অসমলৈ উভতি আহি অসমৰ থলুৱা জনগোষ্ঠীসমূহৰ মাজতো জীৱনৰ শেষ সময়লৈকে কাম কৰি এক অনন্য অসাধাৰণ দৃষ্টান্ত প্ৰতিষ্ঠা কৰিছিল।

অসমৰ গ্ৰামাঞ্চলত ঘূৰি-ফুৰি তেখেতে কাৰ্বি, তিৱাৰ লগতে হাজং জনগোষ্ঠীৰ বিষয়েও খৰছি মাৰি অধ্যয়ন আৰু গৱেষণা চলাই গৈছিল। তেখেতৰ গৱেষণাই অসমৰ পৰিধি অতিক্ৰমি অৰুণাচল প্ৰদেশ আৰু মেঘালয়ৰ অসমীয়া জনজাতি অধ্যুষিত ক্ষেত্ৰসমূহকো সামৰি লৈছিল। এনে একনিষ্ঠ গৱেষণাৰ বাবে অসমৰ বৌদ্ধিক সমাজ, ৰাইজ আৰু চৰকাৰী মহলৰ পৰা প্ৰাপ্য স্বীকৃতি বা সন্মান জীৱনকালত তেখেতে লাভ নকৰিলে

যদিও অৰুণাচল আৰু মেঘালয়ৰ ৰাইজ আৰু চৰকাৰে তেখেতক শিৰত তুলি সন্মান যাঁচি ইতিহাস ৰচনা কৰিছে। অৰুণাচল মুখ্যমন্ত্ৰী টমো ৰিবাই স্বয়ং অসমলৈ আহি অধ্যক্ষ ভৱানন্দ ডেকাৰ অধীনত গ্ৰাম্য অৰ্থনীতি টনকিয়াল কৰাৰ প্ৰশিক্ষণ গ্ৰহণ কৰি গৈছিল। মেঘালয়ৰ প্ৰথম অসমীয়া-হাজং কেবিনেট মন্ত্ৰী ধৰল চন্দ্ৰ বৰ্মণে গুৱাহাটীলৈ নিজে আহি অধ্যক্ষ ভৱানন্দ ডেকাক পশ্চিম গাৰোপাহাৰত অৱস্থিত অসমীয়া হাজং গাঁওবোৰলৈ লৈ গৈছিল। মেঘালয়ৰ মুখ্যমন্ত্ৰী ছলসিং মাৰাকে ৰাজহুৱা সভাত তেখেতক সন্মান জনাইছিল।

এনে এজন ক্ষণজন্মা গৱেষক-সাহিত্যিকৰ জীৱনজোৰা জনজাতি গৱেষণাৰ ফচল পৰম মূল্যৱান গ্ৰন্থসমূহ তেখেতৰ বিয়োগৰ এঘাৰ বছৰ পাৰ হোৱাৰ পাছতো প্ৰকাশ হৈ নোলোৱাৰাটো অসমীয়া জাতিৰ বাবেই পৰম দুৰ্ভাগ্যৰ বিষয়। অসমৰ ৰাইজৰ ধনেৰে গঢ়া প্ৰকাশক সংস্থা অসম প্ৰকাশন পৰিষদ আৰু অসম সাহিত্য সভায়ো তেখেতৰ গুৰুত্বপূৰ্ণ গ্ৰন্থসমূহ প্ৰকাশৰ উদ্যোগ নোলোৱাৰাটো দুখজনক। এনে অৱজ্ঞা আৰু অমনোযোগিতাৰ গৰাহত পৰি অসমীয়া জাতীয় জীৱনৰ এই পুৰোধা ব্যক্তিগৰাকীৰ নিষ্ঠাৱান বৌদ্ধিক কৰ্মসমূহ যাতে লোকচক্ষুৰ অলক্ষিতে ধ্বংশ হৈ নাযায়, তাকে সুনিশ্চিত কৰিবলৈ মই মোৰ আয়কৰ দিয়াৰ পাছত ৰৈ যোৱা নিজৰ কষ্টোপাৰ্জিত ধন ভাঙিয়েই ২০০৬ চনৰ ডিচেম্বৰ মাহৰ পৰা যোৱা এঘাৰ বছৰধৰি একাদিক্ৰমে তেখেতৰ অপ্ৰকাশিত পাণ্ডুলিপিবোৰ সম্পাদনা কৰি গ্ৰন্থাকাৰে প্ৰকাশ কৰি আহিছো।

অধ্যক্ষ ভৱানন্দ ডেকাই হাজং জনগোষ্ঠীৰ গাঁৱলৈ গৈ অৰ্জা সঁচা অভিজ্ঞতাৰ আধাৰত মই লিখা গল্প 'দুফৰি গাঁৱৰ নিৰঞ্জনা আইতা' ২০১৭ বছৰটোৰ ভিতৰতে অসমৰ দুখন শীৰ্ষস্থানীয় সাহিত্যালোচনী 'প্ৰান্তিক' আৰু 'গৰীয়সী'ত প্ৰকাশ হোৱাৰ পাছত অসমীয়া সাহিত্যানুৰাগীৰ মাজত অধ্যক্ষ ভৱানন্দ ডেকাৰ গৱেষণা-কৰ্মৰাজী আৰু হাজং জনগোষ্ঠীৰ প্ৰতি নতুনকৈ হেঁপাহ আৰু কৌতূহল ওপজা প্ৰত্যক্ষ কৰি মই অতি উৎসাহিতবোধ কৰিছো। সেই গল্পটোৰ সূত্ৰ ধৰিয়েই মেঘালয়ৰ দুফৰিগাঁৱৰ পৰা প্ৰথম অসমীয়া-হাজং মন্ত্ৰী ধৰল চন্দ্ৰ বৰ্মণে মোৰ সৈতে যোগাযোগ স্থাপন কৰে আৰু ২০১৭ চনৰ চাৰি ডিচেম্বৰত গুৱাহাটী প্ৰেছক্লাৱত অনুষ্ঠিত অধ্যক্ষ ভৱানন্দ ডেকাৰ এঘাৰ বছৰীয়া তিৰোধান তিথি অনুষ্ঠানত যোগদান কৰি মেঘালয় আৰু অসমৰ হাজং জনগোষ্ঠীৰ সৈতে এই পৰলোকগত ক্ষণজন্মা অসাধাৰণ সাহিত্যিকগৰাকীৰ অনিৰ্বচনীয় সম্পৰ্কৰ কথা স্মৰণ কৰে। 'দুফৰি গাঁৱৰ নিৰঞ্জনা আইতা' গল্পগ্ৰন্থখনো সেই উপলক্ষ্যতে 'গৰীয়সী'ৰ সম্পাদক আৰু অসমৰ স্বনামধন্য গল্পকাৰ-ঔপন্যাসিক ডঃ লক্ষ্মীনন্দন বৰাই উন্মোচন কৰে।

সেই বাতৰি অসমৰ শীৰ্ষস্থানীয় বাতৰিকাকত আৰু টেলিভিছন চেনেলযোগে প্ৰচাৰ

অধ্যক্ষ ভৱানন্দ ডেকা

হোৰাৰ পাছত ধেমাজিৰ জয়ৰামপুৰৰ পৰা আহি সদৌ অসম হাজং ছাত্ৰ সন্থাৰ স্বয়ং সভাপতি সঞ্জীৱ কুমাৰ হাজং ডাঙৰীয়াই নিজেই মোৰ সৈতে যোগাযোগ কৰে আৰু সন্থাৰ একত্ৰিংশ প্ৰতিষ্ঠা দিৱসৰ সৈতে সংগতি ৰাখি অনুষ্ঠিতব্য মুকলি সভাত হাজং ৰাইজৰ লগতে অসমৰ সকলো জনগোষ্ঠীৰ প্ৰতিনিধিৰ উপস্থিতিত হাজং জনগোষ্ঠী সম্পৰ্কে অধ্যক্ষ ভৱানন্দ ডেকাই প্ৰণয়ন কৰি যোৱা গ্ৰন্থখনি উন্মোচন কৰিব পৰাকৈ সম্পাদনা কৰি প্ৰকাশ কৰি উলিয়াবলৈ মোক অনুৰোধ জনায়। শ্ৰীহাজং ডাঙৰীয়াৰ নেৰানেপেৰা অনুৰোধ আৰু একান্ত আগ্ৰহৰ বাবেই অতি লৰালৰিকৈ এই গ্ৰন্থখনি সম্পাদনা কৰি প্ৰকাশ কৰা হ'ল। প্ৰয়াত বিশিষ্ট গৱেষকগৰাকীয়ে বিচৰা হুবহু ৰূপতে গ্ৰন্থখনি ছপা হৈ ওলোৱা বুলি আমি দাবী কৰিব খোজা নাই। তথাপি, তেখেতে জীৱনকালত চৰিতাৰ্থ কৰিবলৈ নোপোৱা হেঁপাহটো তেখেত প্ৰয়াণৰ এঘাৰ বছৰ পাৰ হৈ যোৱাৰ পাছতো যে হাজং জনগোষ্ঠীৰ লগতে অসমৰ অন্যান্য জনগোষ্ঠীৰ প্ৰতিনিধিৰ উপস্থিতিত সাকাৰ হ'ল, সেই শুভবাৰ্তাই তেখেত পৰলোকগত আত্মাক নিশ্চয় পৰম সুখ প্ৰদান কৰিব। এই আশাৰেই এই গ্ৰন্থখনি গ্ৰন্থপ্ৰেমীলৈ আগবঢ়াই আশা কৰিলো যে ইয়াত ৰৈ যোৱা ভুল-ত্ৰুটী আঙুলিয়াই দি পৰৱৰ্তী তাঙৰণত শুধৰণিত আমালৈ সহযোগিতা আগবঢ়াব।

১৫ ফেব্ৰুৱাৰী ২০১৮

দ্বিতীয় তাঙৰণৰ আদিতে একাষাৰ

এই গ্ৰন্থখনৰ প্ৰথম তাঙৰণটো ছপা হৈ ওলোৱা ১৫ ফেব্ৰুৱাৰী ২০১৮ দিনটোতেই সকলো কপি নিঃশেষ হৈ অসমীয়া গ্ৰন্থৰ ক্ষেত্ৰত এক অভূতপূৰ্ব অভিলেখ স্থাপন কৰিলে। তথাপিও, বহুতো আগ্ৰহী পাঠক-পাঠিকাই গ্ৰন্থখন ক্ৰয় কৰিবলৈ নাপাই হাবাথুৰি খোৱা দেখি মই শ্ৰদ্ধা আৰু কৃতজ্ঞতাত গদ্গদ্ হৈছো। পঢ়ুৱৈৰ তীব্ৰ হেঁচাতে এটা দিনৰ ভিতৰতে গ্ৰন্থখনৰ দ্বিতীয় সংস্কৰণটোও ক্ষিপ্ৰতাৰে সাজু কৰি ইণ্টাৰনেটযোগে অনলাইন ক্ৰয়ৰ বাবে আমাজন.কম ৱেবছাইটযোগে প্ৰকাশ কৰি উলিওৱা হ'ল। আশাকৰো, বিশ্বজুৰি বিয়পা গ্ৰন্থপ্ৰেমীয়ে এই তাঙৰণটোও আদৰি ল'ব।।

১৬ ফেব্ৰুৱাৰী ২০১৮

অৰ্ণৱ জান ডেকা
সম্পাদক

অধ্যক্ষ ভৱানন্দ ডেকা নলিনী প্ৰভা ডেকা ফাউণ্ডেছন,
২৮, পূৱ শৰণীয়া পাহাৰৰ দাঁতিপথ, গুৱাহাটী ৭৮১০০৭
ফোন ঃ ৯৯৫৪৮-১৬৬২৮, ই-মেইল ঃ janarnab@gmail.com

বিষয়সূচী

|| অসীহৰাৰ চতুৰ্দশ সংখ্যা || ১৯৯৩ || DAKHINAYAN Dut || Volu...

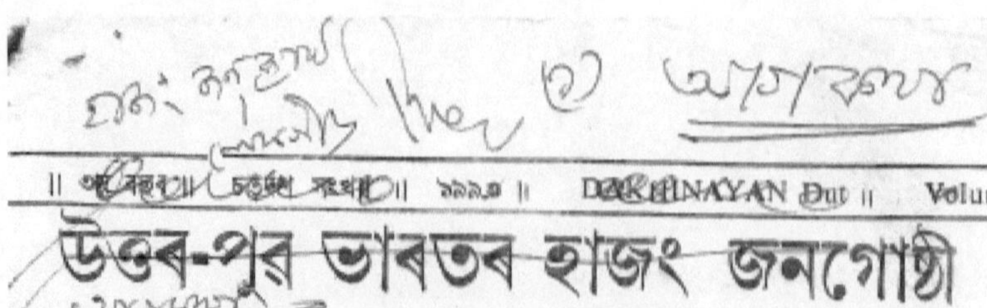

উত্তৰ-পূৱ ভাৰতৰ হাজং জনগোষ্ঠী

সমাজ আৰু সংস্কৃতি

শ্ৰীভৱানন্দ ডেকা

হাজং সকল অন্যান্য বহুতো জনজাতিৰ দৰে মঙ্গোলীয় ঠালৰ লোক। অসম আৰু উত্তৰ-পূৱ ভাৰতলৈ অহা বিভিন্ন সময়ৰ জনগোষ্ঠী লোকৰ আগমন আগতীয়া আছিল। হাজংসকল অসমৰ আদিতম জনগোষ্ঠীৰ এটা। কালক্ৰমত আন জনগোষ্ঠীৰ হেচাত তেওঁলোক ক্ৰমে দক্ষিণ ফালটৈ যাব লগাত পৰে। অসমীয়া জাতি আৰু সমাজ-সংস্কৃতিৰ ৰূপ দিয়াতে তেওঁলোকৰ অৱদান অতুলনীয়। হাজংসকলে অসমীয়া ভাষা-সংস্কৃতি আৰু সমাজ গঠনত বিশেষ অৱিহণা যোগাইছিল। "দিব আৰু নিব" এই আদৰ্শত লুইতৰ পাৰত সকলোৱে গ্ৰহণীয় এখন উন্নৈহতীয়া অসমীয়া সমাজ, সংস্কৃতি আৰু এটা সমন্বয়ৰ অসমীয়া ভাষাক ৰূপ দিছিল। হাজংসকলৰ ভাষাক 'হাজং ভাষা' নাম দিয়া হৈছে, কিছুমানে ইয়াক "ঢাকৰা ভাষা" (জঙ্গলত থকা লোকৰ ভাষা) বুলিও কব খোজে। কিন্তু হাজংসকলে ঢাকৰা ভাষে কোৱা ভাষা অধ্যয়ন কৰিলে দেখা যায় যে ই অসমীয়াৰে এটা উপ-ভাষা-গোৱালপৰীয়া, কাৰ্বিনীয়া, বা নৱগীয়া ভাষাৰ দৰে। এসময়ত কুশী নদীলৈকে বৃহত্তৰ কামৰূপ ৰাজ্য আছিল। "নালন্দা বিশ্ববিদ্যালয়" কুমাৰ ভাস্কৰ বৰ্মণৰ অধীনত আছিল। শদিয়াৰ পৰা আৱছু কবি কুশী নদীলৈকে বৃহত্তৰ কামৰূপ ৰাজ্য আছিল। শদিয়াৰ পৰা আৱছু কবি কুশী নদীলৈকে, অৰুণাচলৰ উত্তৰ সীমাৰ পৰ শ্ৰীহট্টলৈকে এই গোটেই অঞ্চলতে অসমীয়া সমন্বয়ৰ ভাষা হিচাপে গঢ়ি উঠিছিল। আহোমসকল অহাৰ আগেয়ে এই সমন্বয়ৰ ভাষাটোৰ নাম কি আছিল জনা নাযায় আহোমসকলে আহি এই ভাষাটো ৰাজ্যিক ভাষা হিচাপে গ্ৰহণ কৰি লয় আৰু তেতিয়াৰ পৰ ই নাম পায় "অসমীয়া ভাষা"। অসমৰ উপত্যক অঞ্চল আৰু সাত ভনীৰ দেশৰ মাজত এতিয়াও আদান প্ৰদানৰ ভাষা হিচাপে অসমীয়া ভাষ আছে। ই নগালেণ্ডত নাম পাইছে নাগামিজ অৰুণাচলত ই নিশ্চয় অৰুণামিজু নাম পাব কোৱাৰ ধৰণ প্ৰকাৰ বেলেগ। অসমত ৱৰ্তমানে 'অসমীয়া ভাষা' সমূহীয়া ভাষা হলেও আমাৰ মাজত উপ-ভাষা হিচাপে গোৱালপৰীয়া, কামৰূপী দৰঙী আদিয়ে স্থান লাভ কৰিছে। গোৱালপাৰৰ পশ্চিমে কোচবিহাৰ, ৰংপুৰ, দিনাজপুৰ আদিত এক প্ৰকাৰৰ অসমীয়া উপ ভাষা চলে। বৰ্তমান সেইবোৰ অঞ্চল পশ্চিমবঙ্গ আৰু বাংলাদেশৰ অন্তৰ্ভুক্তি হোৱাৰ পৰাই তৈমনচিৱীয়া ভাষাই বঙালী ৰূপ লৈছে। এদিন বঙালী সকলে গোৱালপৰীয় ভাষাকো বঙালী বুলি কৈছিল। ড° সুনীতি চেটাৰ্জীয়ে হাজং সকলৰ কোৱা ভাষাক 'অৰ্ধ বঙালী বুলি অভিহিত কৰি হাজংসকলকো অসমীয়া বুকুৰ পৰা কাটি নিব চাইছে। হাজং সকলে কোৱা ভাষাটো গোৱালপৰীয়া, কামৰূপী ভাষাৰ লগত মিলে। এই সম্পৰ্কে 'ভাষাবিদ' তথা

এই গ্ৰন্থৰ 'আগকথা' হিচাপে অধ্যক্ষ ভৱানন্দ ডেকাই নিজ হস্তাক্ষৰেৰে চিহ্নিত কৰি থৈ যোৱা 'দক্ষিণায়ন দূত' পয়ষেকীয়া কাকতৰ তৃতীয় বছৰ চতুৰ্দশ সংখ্যাত ১৯৯৩ চনত প্ৰকাশিত হাজং জনগোষ্ঠী বিষয়ক গৱেষণা-পত্ৰ

হাজং সমাজ আৰু সংস্কৃতি

হাজংসকল অসমৰ অন্যতম থলুৱা জনগোষ্ঠী। হাজংসকল অন্যান্য বহুতো জনজাতিৰ দৰে মংগোলীয় ঠালৰ লোক। অসম আৰু উত্তৰ-পূৱ ভাৰতলৈ অহা বিভিন্ন সময়ৰ জনগোষ্ঠীৰ লোকৰ আগমন আগতীয়া আছিল। হাজংসকল অসমৰ আদিমতম জনগোষ্ঠীৰ এটা। হাজংসকলে অসমৰ বুকুত এসময়ত নতুন সভ্যতাৰ পাতনি মেলিছিল, লুইতৰ বুকুত নতুন ভাষা-কৃষ্টিৰ সোণালী পথাৰত নতুন শঁইচ ৰোপণ কৰিছিল। সেই সময়ত অসমৰ ভূ-ভাগ পূৱৰ ডিক্ৰু নদীৰ পৰা পশ্চিমে কুশী নদীলৈকে বিস্তৃত আছিল। হাজংসকল কামৰূপ, গোৱালপাৰা, ৰংপুৰৰ পৰা মৈমনসিং জিলালৈ বিস্তৃত আছিল। যুগে যুগে নতুন মানুহৰ আগমনত তেওঁলোকে নানা আছুকাল ভোগ কৰিব লগা হৈছিল। কালক্ৰমত আন জনগোষ্ঠীৰ হেঁচাত তেওঁলোক ক্ৰমে দক্ষিণ ফাললৈ যাব লগাত পৰে। অসমীয়া জাতি আৰু সমাজ-সংস্কৃতিৰ ৰূপ দিওতে তেওঁলোকৰ অৱদান অতুলনীয়। হাজংসকলে অসমীয়া ভাষা-সংস্কৃতি আৰু সমাজ গঠনত বিশেষ অৰিহণা যোগাইছিল। "দিব আৰু নিব" এই আদৰ্শত লুইতৰ পাৰত সকলোৰে গ্ৰহণীয় এখন উমৈহতীয়া অসমীয়া সমাজ, সংস্কৃতি আৰু এটি সমন্বয়ৰ অসমীয়া ভাষা গঢ় দিছিল।

হাজংসকলৰ ভাষাক 'হাজং ভাষা' নাম দিয়া হৈছে, কিছুমানে ইয়াক 'জাৰুৱা ভাষা' (জংঘলত থকা লোকৰ ভাষা) বুলিও ক'ব খোজে। কিন্তু হাজংসকলে ঘৰুৱাভাৱে কোৱা ভাষা অধ্যয়ন কৰিলে দেখা যায় যে ই অসমীয়াৰে এটা উপভাষা— গোৱালপৰীয়া-কামৰূপীয়া বা দৰঙীয়া ভাষাৰ দৰে। এসময়ত কুশী নদীলৈকে বৃহত্তৰ কামৰূপ ৰাজ্য আছিল। নালন্দা বিশ্ববিদ্যালয় কুমাৰ ভাস্কৰ

বর্মাৰ অধীনত আছিল। শদিয়াৰ পৰা আৰম্ভ কৰি কুশী নদীলৈকে বৃহত্তৰ কামৰূপ ৰাজ্য আছিল। শদিয়াৰ পৰা আৰম্ভ কৰি কুশী নদীলৈকে, অৰুণাচলৰ উত্তৰ-পূৱ সীমাৰ পৰা শ্রীহট্টলৈকে এই গোটেই অঞ্চলতে অসমীয়া সমন্বয়ৰ ভাষা হিচাপে গঢ় লৈ উঠিছিল। আহোমসকল অহাৰ আগেয়ে এই সমন্বয়ৰ ভাষাটোৰ নাম কি আছিল জনা নাযায়। আহোমসকলে আহি এই ভাষাটো ৰাজ্যিক ভাষা হিচাপে গ্রহণ কৰি লয় আৰু তেতিয়াৰ পৰা ই নাম পায় 'অসমীয়া ভাষা'। অসমৰ উপত্যকা অঞ্চল আৰু সাতভনীৰ দেশৰ মাজত এতিয়াও আদান-প্রদানৰ ভাষা হিচাপে অসমীয়া ভাষা আছে। ই নগালেণ্ডত নাম পাইছে নাগামিজ, অৰুণাচলত ইয়াৰ নাম অৰুণামিজ। কোৰাৰ ধৰণ প্রকাৰ বেলেগ। অসমত বর্তমানো অসমীয়া ভাষা সংযোগী ভাষা হ'লেও আমাৰ মাজত উপ-ভাষা হিচাপে গোৱালপৰীয়া, কামৰূপী, দৰঙী আদিয়ে স্থান লাভ কৰিছে। গোৱালপাৰাৰ পশ্চিমে কোচবিহাৰ, ৰংপুৰ, দিনাজপুৰ আদিত একপ্রকাৰৰ অসমীয়া উপভাষা চলে। বর্তমান সেইবোৰ অঞ্চল পশ্চিমবংগ আৰু বাংলাদেশত অন্তর্ভুক্ত হোৱাৰ পৰাই মৈমনচিঙীয়া ভাষাই বঙালী ৰূপ লৈছে। এসময়ত বঙালীসকলে গোৱালপৰীয়া ভাষাকো 'বঙালী' বুলি কৈছিল। ডঃ সুনীতি চেটার্জীয়ে হাজংসকলৰ কোৱা ভাষাক 'অর্দ্ধ বঙালী' বুলি অভিহিত কৰি হাজংসকলকো অসমীয়াৰ বুকুৰ পৰা কাটি নিবলৈ বিচাৰিছিল। হাজংসকলে কোৱা ভাষাটো গোৱালপৰীয়া-কামৰূপী ভাষাৰ লগত মিলে। এই সম্পর্কে 'ভাষাবিদ' তথা অসম ভাষা-বিজ্ঞান সমিতিয়ে গৱেষণা কৰি হাজং ভাষাক অসমীয়াৰ উপভাষা হিচাপে প্রতিষ্ঠা কৰাত সহায় কৰিব পাৰে।

অসমৰ বাবে অতি গৌৰৱৰ কথা যে মেঘালয়ৰ একেবাৰে দক্ষিণ-পশ্চিমত তুৰা আৰু বাংলাদেশৰ সীমাৰ মাজত বাস কৰা হাজংসকলেও অসমীয়া ভাষা-কৃষ্টি ৰক্ষা কৰি আছে আৰু নিজৰ ল'ৰা-ছোৱালীক 'অসমীয়া' মাধ্যমত শিক্ষা লোৱাই আছে। মেঘালয়ৰ অসমীয়াভাষী লোক হ'ল হাজং আৰু কোচসকল। হাজংসকলে কোৱা ভাষা শুদ্ধ অসমীয়া ভাষা নহয়। স্কুল-কলেজত পঢ়া ল'ৰা-ছোৱালীয়ে অসমীয়া সাহিত্য পঢ়ে, অসমীয়া মাধ্যমত অর্থনীতি, ৰাজনীতি বিজ্ঞান পঢ়ে। কোৰা ভাষাত কামৰূপ গোৱালপাৰাৰ প্রচলিত শব্দৰ ব্যৱহাৰ, বাক্যৰ গাঠনি বেলেগ। আমপতি অঞ্চলত শ্রীসামৰণ হাজোৰ ভাষা এনে। তেওঁৰ

হাতেলিখা কিতাপ 'প'ত তাৰা'ত "জানিবাক"ত আছে -- "ৰাতি পোয়াল, হবাৰ চেতনত-- আমিও উমান পালোং। ৰাতি থাকিলে ঘুমত থাকে, কাৰো মনত অভাৱ নাথাকে। ৰাতি পোয়ালে, যাৰ যত অভাৱ আহি খোৰাক বিচৰা কাতৰ কোবাল মনক চঞ্চল কৰি তুলে।" তেওঁৰ এটা কবিতা হ'ল--

-- **হাজোং গভুৱালী** --

ফুলা আগনট আগুৰি পাগুৰি

ৰাঙা নিলী পাটে পিনি

টাম টুম বানি কোমৰ কাকোলী

ৰূপ ভৰে দেহা ভাৰী।"

'হাজং বিবাহ পদ্ধতি' নামৰ গ্ৰন্থত শ্ৰীলক্ষ্মিন্দৰ হাজংএ এনে ভাষা প্ৰয়োগ কৰিছে – "খৈ ভজাৰ কাম শেষ কৰাৰ পিছত ভালেখিনি পৰিমাণৰ পিঠালী উৰলত বা ঢেকীৰ দ্বাৰা বনায় লয়।"

হাজংসকলৰ কিছুমান প্ৰচলিত শব্দ হ'ল – চেঙৰা, চেঙৰী, চেকী চাবা লাগ্‌বো, লাগিব, পৰা নাই, বইনী, জাখা, কোদাল, ৰুৱা, ৰাতি কীৰ্তন, ঢেকী, ভাত, পানী, খাৰ, আখে, খোল, ধুলুক, তাল, ধল পোহৰ, ঘুম, ক্ষণ, ৰাতি পুহাল, হাল-গৰু, তাৰাতাৰি, নয়া-ৰোৱা, পাকাধান, ভৱবো চাং বুইনীগিলা, জাখা মাৰং, বেলি উঠিল, শাক, পাঠানি (পাতিন), শাল, তুলসী, দাদা, খুৰা আদি। হাজং-অসমীয়া উপভাষাৰ এখন শব্দকোষ উলিয়াবৰ বাবে প্ৰাৰম্ভিক কাম কৰিবলৈ দিয়া হৈছে বোন্দা নিবাসী শ্ৰীদ্বিজেন্দ্ৰ নাথ হাজংক।

হাজংসকলে পুৰণি ৰীতি-নীতি ধৰি ৰাখিছে যদিও বৰ্তমান তেওঁলোকৰ ভাৱধাৰাৰ যথেষ্ট পৰিবৰ্তন হৈছে। তেওঁলোকে নিজকে ক্ষত্ৰিয় হিচাপে থিয় কৰাব খুজিছে। ইতিমধ্যে হিন্দুধৰ্মৰ ক্ৰিয়া-কলাপ বৃদ্ধি পাইছে। নিজৰ 'দেউচি' নামৰ পুৰোহিত আছে যদিও তাৰ লগতে অধিকাৰ শ্ৰেণীৰ প্ৰভাৱ আৰু হিন্দু পুৰোহিত শ্ৰেণীৰ প্ৰভাৱ।

হাজংসকলৰ পুৰুষ মানুহবোৰৰ বৰণ ক'লা তামবৰণীয়া। তিৰোতাসকল দীঘল বৈ পৰা চুলিটাৰীৰে শুৱনি গঢ়ৰ। গড় হিচাপে পুৰুষসকল ১.৬ মিটাৰ ওখ আৰু নাৰীসকল ১.৪ মিটাৰ ওখ। তেওঁলোকৰ মুখ ঘূৰণীয়া। উত্তৰ-পূৰ

ভাৰতৰ কিছুমান জনজাতিৰ দৰে তেওঁলোকৰ চকু সিমান সৰু নহয়। প্ৰায়বোৰৰ স্বাস্থ্যপাতি সুঠাম, কঠোৰ পৰিশ্ৰম কৰাৰ দক্ষতা থকা লোক।

হাজংসকলৰ কেবাটাও ফৈদ আছে। শ্ৰীপৰেশ হাজঙৰ মতে একৈশটা ফৈদ। কিন্তু নামবোৰ কোনেও ক'ব নোৱাৰে। ডঃ বি এন বৰদলৈয়ে কেৱল তিনিটা ফৈদৰ নামহে পাইছিল-- চোন্দি, কেন্দগইয়া আৰু বলিআটি।

হাজংসকলৰ পাৰিবাৰিক, ধৰ্মীয়, সামাজিক জীৱনত বৃহত্তৰ অসমীয়া জাতিৰ ভাষা, কৃষ্টি, লোকউৎসৱ আদিয়ে এতিয়াও ঠাই দখল কৰি আছে। কামাখ্যাৰ লগতো তেওঁলোকৰ ওতঃপ্ৰোত সম্পৰ্ক। এই সম্পৰ্কে অধ্যয়ন চলি আছে।

মুঠ কথাত, হাজং জনগোষ্ঠীক বাদ দি অসমীয়া মহাজাতি কেতিয়াও সম্পূৰ্ণ হ'ব নোৱাৰে। বড়ো, ৰাভা, মিছিং, কাৰ্বি, ডিমাছা, তিৱা, সোনোৱাল কছাৰী আদিৰ দৰেই হাজং অসমীয়া জাতিৰ অভিন্ন অংগ। তেওঁলোক অসম, ভাৰত বা পৃথিৱীৰ যিকোনো দেশতে বাস নকৰক কিয়, তেওঁলোকে চিৰকাল অসমীয়া থলুৱা জনগোষ্ঠীৰ ধ্বজা গৌৰৱেৰে উৰুৱাই জাতিটোক সমৃদ্ধ কৰি থাকিব।

মোৰ এই অধ্যয়ন মূলতঃ ক্ষেত্ৰভিত্তিক। অসম আৰু মেঘালয়ৰ বিভিন্ন হাজং গাঁৱলৈ গৈ তথ্য সংগ্ৰহ কৰিছো। এইবোৰ অধিক চালি-জাৰি চোৱাৰ প্ৰয়োজন আছে। কিছু গ্ৰন্থ আৰু প্ৰৱন্ধৰ পৰাও মোৰ অধ্যয়নত সমল লৈছো যদিও তেনে উৎসৰ সীমাৰদ্ধতাই বহু ক্ষেত্ৰত সমস্যাৰো সৃষ্টি কৰিছে। এই গৱেষণাৰ ফল 'দৈনিক অসম', 'অসম বাণী', 'আজিৰ বাতৰি', 'দক্ষিণায়ন দূত', 'প্ৰাগজ্যোতিষপুৰ' আদিত প্ৰকাশ পাইছে। এই কালছোৱাত নতুন নতুন তথ্য লাভ কৰাৰ পৰিপ্ৰেক্ষিতত পূৰ্বৰ লেখাসমূহত সংশোধন আৰু সংযোজন কৰিবলগীয়া হৈছে। তথাপিও, সকলো তথ্য নিখুঁত বুলি দাবী কৰা নাযায়।

(অধ্যক্ষ ভৱানন্দ ডেকাই লিখা হাজং জনগোষ্ঠী বিষয়ক এই গৱেষণা-পত্ৰখন পোনতে 'দক্ষিণায়ন দূত' নামৰ পষেকীয়া কাকতৰ তৃতীয় বছৰ চতুৰ্দশ সংখ্যাত ১৯৯৩ চনত প্ৰকাশিত, আৰু পৰৱৰ্তী সময়ত তেখেতে পুনৰ সম্পাদনা কৰি এই গ্ৰন্থৰ 'আগকথা' হিচাপে চিহ্নিত কৰি থৈ যায়। --সম্পাদক)

প্রস্তাৱনা

উত্তৰ-পূৱ ভাৰতত হাজং বুলি জনগোষ্ঠীৰ লোক থকা কথাটো মই পূৰ্বে জানিছিলো যদিও ১৯৮৩ চনত হাজং জনগোষ্ঠীৰ কথাই মোক বিশেষভাৱে আকৰ্ষণ কৰে। সেই সময়ৰ পৰাই হাজং জনগোষ্ঠী সম্পৰ্কে জনাৰ এটা কৌতূহল জন্মিছিল। ১৯৮৩ চনত হাজোত কামৰূপ জিলা সাহিত্য সভাৰ লেখক শিবিৰ। তাত মই উপস্থিত আছিলো। মুকলি সভাৰ দিনা এজন ডেকাল'ৰাই বক্তৃতা দিবলৈ উঠি নিজকে 'হাজং' বুলি চিনাকি দি হাজো আৰু হাজং জাতিৰ সম্পৰ্কে কৈছিল। তেওঁৰ মতে, হাজংসকল পূৰ্বে অসমৰ ভৈয়াম অঞ্চলৰ লোক আছিল। কথাখিনিয়ে মোৰ মনত দ' কৈ শিপাইছিল। হাজংসকলৰ বিষয়ে চিন্তা-চৰ্চা কৰোতে বহু বছৰ পাৰ হৈ গ'ল।

আঠ বছৰ পিছত-- ১৯৯১ চনৰ ২৭ জানুৱাৰীৰ দিনা মোৰ গুৱাহাটীৰ পূৰ শৰণীয়াস্থিত বাসভৱনৰ দুৱাৰমুখত এখন এম্বেচাদৰ গাড়ী আৰু এখন পুলিচ ভান ৰ'ল। এজন চুট-টাই পিন্ধা মানুহ গাড়ীৰ পৰা নামি আহি মোৰ ঘৰৰ বাৰাণ্ডাত থিয় হ'ল। মোৰ সহধৰ্মিনী নলিনী প্ৰভা ডেকাই দুৱাৰ খুলি দি মানুহজনক আৰু পদূলিত চিপাহী-চন্তৰী দেখি আচৰিত হৈ আগন্তুকক কাক বিচাৰিছে সুধিলে। তেওঁ ক'লে যে শ্বিলঙৰ পৰা আহিছে আৰু অধ্যক্ষ ভৱানন্দ ডেকাক লাগে। তেওঁক বহিবলৈ দিলে আৰু মই ওলাই আহি মাত দিলো। তেওঁৰ পৰা জানিলো যে তেওঁ মেঘালয়ৰ কেবিনেট পৰ্যায়ৰ মন্ত্ৰী, -- মোৰ পৰা কোচ-ৰাজবংশী সম্পৰ্কীয় কিতাপ এখন লাগে। কথা-বাৰ্তা হৈ জানিলো, তেওঁৰ নাম শ্ৰীধৰল চন্দ্ৰ বৰ্মণ। হাজং জনগোষ্ঠীৰ লোক। পশ্চিম গাৰোপাহাৰৰ নতুন মহকুমা আমপতিৰ অন্তৰ্গত দুফৰিগাঁৱৰ বাসিন্দা।

তেওঁৰ মুখত হাজং শব্দটো শুনিয়েই মোৰ মনটো উদ্বাউল হৈ উঠিল। এজন

থলুৱা হাজং মানুহে স্বয়ং মোক বিচাৰি আহি মোৰ সমুখত দণ্ডায়মান। তাতে এখন প্রতিবেশী ৰাজ্যৰ জনপ্রতিনিধি মন্ত্রী। মানুহজনৰ চেহেৰাটো নিৰীক্ষণ কৰিলো। বৰণ ক'লা-তামবৰণীয়া, প্রায় পাঁচ ফুট ওখ, সুঠাম স্বাস্থ্যৰ। অন্য জনজাতীয় লোকৰ দৰে চকু সিমান সৰু নহয়। চুলি ঠৰঙা নহয়। কোচ-ৰাজবংশীৰ সৈতে সাদৃশ্য আছে।

তেওঁক মোৰ মনৰ কথা ক'লো। হাজংসকল কোন, —তেওঁলোক ক'ত থাকে, জানিব বিচাৰিলো।

তেওঁ জনালে যে তেওঁ আৰু তেওঁৰ জ্ঞাতি-কুটুম হাজংসকল বর্তমান প্রধানকৈ পশ্চিম গাৰোপাহাৰত থাকে। বাংলাদেশৰ মৈমনসিং, ৰংপুৰ আদি ঠাইত হাজং লোক আছে। বাংলাদেশ উত্থানৰ ফলত তাৰ পৰা ভগনীয়া হিচাপে আহি বহু হাজং অসমৰ দুধনৈ অঞ্চলত আছে, চাৰিশ কুৰিঘৰ আছে অৰুণাচলত, গুৱাহাটীৰ বোন্দাত আছে এশ কুৰিঘৰ। তদুপৰি, চাহবাগানলৈ কাম কৰিবলৈ অনা আৰু কাম কৰিব নোৱাৰি ৰৈ যোৱা কিছু হাজং লোক কার্বি আংলং জিলাতো আছে। তেনেদৰে, দৰঙৰ পানেৰী অঞ্চলত, কোকৰাঝাৰৰ বিজনী অঞ্চলত আৰু গোৱালপাৰাৰ লক্ষীপুৰ অঞ্চলতো হাজং লোক আছে।

শ্রীধৰল চন্দ্র বর্মণৰ মতে হাজংসকল বৃহত্তৰ হিন্দু বর্ণাশ্রম ধর্মৰ ক্ষত্রিয় বর্ণ। সিদিনাই মন্ত্রী বর্মণে মোক অনুৰোধ কৰিছিল, মই হাজং সম্পর্কে অধ্যয়ন কৰি এখন গ্রন্থ লিখিব লাগে আৰু তেওঁলোকক অসমীয়া সমাজে অসমীয়া বুলি গ্রহণ কৰিব লাগে। মই তেওঁলোকৰ জনগোষ্ঠীৰ ওপৰত কাম কৰিম বুলি কথা দিলো। কিন্তু মই তেওঁলোকৰ বাসভূমিলৈ যাব লাগিব বুলি ক'লো।

সেই প্রথম মুখামুখিৰ চৈধ্যমাহ পিছত হঠাৎ আকৌ শ্রীবর্মণৰ মোক ঘৰলৈ আগমণ। মাজত বহুদিন বিৰতি ঘটা বাবে প্রথমেই দুখ প্রকাশ কৰিলে। মোক এইবাৰ পশ্চিম গাৰোপাহাৰৰ হাজং গাওঁবোৰলৈ আৰু বর্মণৰ নিজৰ গাঁও দুফৰিলৈ লৈ যাব।

সেইমতে, মোক ১৯৯৩ চনৰ ২০ মে' তাৰিখে লৈ গ'ল। সিদিনা নিয়াৰ কাৰণ হ'ল, ২১, ২২, ২৩ মে'ত হাজং উন্নয়ন সমিতিৰ পঞ্চম মহাসভা পশ্চিম গাৰোপাহাৰৰ চেলাপাৰা নামৰ ঠাইত অনুষ্ঠিত হ'ব। তাৰে ওচৰতে শ্রীবর্মণৰ

দুফৰিগাঁও। সেইমতে, ২০ মে' তাৰিখে সন্ধিয়া সাত বজাত ঘৰৰ পৰা ওলালো আৰু মাছখোৱাৰ পৰা নৈশবাছত তুৰালৈ যাত্রা কৰিলো। ২১ তাৰিখে ৰাতিপুৱা পাঁচ বজাত তুৰা পাও আৰু তাৰ পৰা টেক্সী এখনেৰে পঞ্চাশ কিলোমিটাৰ দূৰৰ দুফৰিগাঁৱৰলৈ বৰ্মণৰ ঘৰ অভিমুখে যাত্রা কৰো। বৰ্মণ যদিও মন্ত্রী, তেওঁৰ স্ত্রী আৰু কেইজনমান ল'ৰা-ছোৱালী গাঁৱতেই থাকে। শ্বিলঙত বৰ্মণৰ লগত থাকে দুজনী জীয়েক আৰু দুজন পুতেক।

চেলাপাৰা-দুফৰিগাঁৱৰলৈ যোৱা পথ ভাল, —ক্রমশঃ তললৈ নামি যোৱা মসৃণ পথ, দুয়োপাৰে বিস্তীর্ণ পথাৰ, জান-জুৰি, সেউজীয়া পাহাৰ, ঠায়ে ঠায়ে তামোলবাৰী। আমাৰ গাড়ী গৈ গাৰোবাধা অতিক্রম কৰিছিল। এখন উন্নত ঠাই। তাত সাপ্তাহিক হাট বহে। দোকান-পোহাৰেৰে ভৰা। ৰং-বিৰঙৰ পোছাক পিন্ধা গাৰো, কোচ, হাজং ডেকা-গাভৰু, বুঢ়া-বুঢ়ী। তাৰ পৰা কোনো এটা সময়ত আমি গৈ পালো নতুন মহকুমা আমপতিৰ সদৰ আমপতি চহৰ। আমপতিত নতুন নতুন ঘৰ-বাৰী গঢ় লৈ উঠিছে। চৰকাৰী কাৰ্যালয়, কোৱাৰ্টাৰ, আৰ্বৰ্ত ভৱন সজা হৈছে। পাহাৰৰ দাঁতিয়ে দাঁতিয়ে উঠা-নমা ৰাস্তা, –- কাষত শস্য পথাৰ। গাৰো ডেকাল'ৰাৰ চকুৰে-মুখে আনন্দৰ ঢৌ, হাজং, কোচ ডেকাল'ৰাৰ নতুন আশা।

আমি এসময়ত গৈ গৈ চেলাপাৰাৰ কাষৰ দুফৰিগাঁও পাওঁগৈ। তেতিয়া ৰাতিপুৱা ৭-৪৫ বাজিছে। দুফৰিগাঁও-- পাহাৰৰ দাঁতিৰ এখনি বিতোপন গাঁও। সম্মুখত বিস্তীর্ণ পথাৰ, --তাৰ সিফালে পাহাৰ, সেউজ আভাৰে পৰিপূর্ণ শস্য-শ্যামলা প্রান্তৰ।

বৰ্মণৰ ঘৰ পালো। মূল পথৰ পৰা খটখটিৰে উঠি যাব লাগে। ঘৰৰ আগফাল-পিছফালে দুখন চোতাল আগুৰি নাৰিকল, তামোল, আম, কঁঠালৰ গছবোৰ। চোতালৰ মাজডোখৰতে অসম টাইপৰ টিনৰ পকীঘৰ। সোঁফালে ভঁৰালঘৰ। অলপ আগলৈ একে শাৰীতে আন এটা পকা ঘৰ। বাওঁফালেও অন্য এটা পকী ঘৰ। তাত পৰিয়ালৰ ডেকাবোৰ থাকে। তাৰে পিছফালে এদাঁতিত গোহালি, আনটো দাঁতিত পাতি লোৱা তাঁতশাল। ভঁৰাল(চাং)ঘৰৰ সম্মুখত চোতালত তুলসী এজোপা।

বর্মনৰ ঘৰত নতুনকৈ তৈয়াৰ কৰা গা-ধোৱা ঘৰত মোক গা-পা ধুবলৈ দিলে। ঘৰটো সম্পূর্ণ হৈ উঠা নাই। নিজৰ ঘৰৰ চৌহদত পানীৰ কুঁৱা বা দমকল নাই। ঘৰৰ সমুখৰ পথৰ দুয়োফালে দুটা ৰাজহুৱা পকীনাদৰ পানীৰেই পোন্ধৰঘৰ মানুহৰ সমগ্র চুবুৰীটো চলে। এটা নাদৰ পানী খোৱা হয়, আনটোৰ পানীৰে গা-কাপোৰ ধোৱা হয়। কুঁৱাৰ পাৰতে গাঁৱৰ মুনিহ-তিৰোতা নির্বিশেষে সকলোৱে মুকলি আকাশৰ তলত পাল পাতি গা-পা ধোৱে। প্রথমতে চুবুৰিৰ তিৰোতাসকলে আৰু তাৰ পিছত গাভৰুসকলে নাদৰ পাৰত মুকলি আকাশৰ তলত আনন্দমনে গা ধোৱে। অসমৰ গাঁওবোৰতো পূর্বে সেই দৃশ্যই বিৰাজমান আছিল। জনজাতি অধ্যুষিত অঞ্চলৰ প্রায়বোৰ গাঁৱত আজিও ডেকা-গাভৰু, মতা-মাইকীয়ে মুকলিভাৱে স্নান কৰি অনাৰিল শান্তি উপভোগ কৰে। দুফৰিগাঁৱৰ কিছু তলৰ পথাৰেৰে বৈ যোৱা নিজৰা আছে। পকীনাদ নির্মাণ হোৱাৰ আগেয়ে সকলোৱে পাহাৰৰ পৰা নামি গৈ তলত পথাৰৰ কাষেৰে বৈ যোৱা জুৰিৰ পানী আনি খোৱা কামত ব্যৱহাৰ কৰিছিল আৰু তাৰ পাৰতেই গা ধুই আৰু বেছি আনন্দ উপভোগ কৰিছিল। লাহে লাহে আধুনিক সভ্যতাৰ সোঁত আহি আছে। দুফৰিগাঁৱতো মানুহৰ ঘৰত বাথৰুম হ'ল, বিজুলীবাতি আহিল, দূৰদর্শনৰ সুবিধা আহিল। কাষেৰে গাড়ী-মটৰ চলিব পৰা ৰাস্তা হ'ল।

২১ মে' তাৰিখে আবেলি হাজং উন্নয়ন সমিতিৰ পঞ্চম মহাসভাৰ উদ্বোধনী অনুষ্ঠান। মই উদ্বোধন কৰিব লাগিব। সময় যথেষ্ট হাতত আছে। সেয়ে, বর্মণৰ ঘৰত জা-জলপান খাই ওচৰৰ এখন উন্নত হাজং গাঁৱলৈ যাবলৈ ওলালো। যোৱাৰ আগতে কিছু সময় পিছফালৰ বাৰাণ্ডাত মন্ত্রী বর্মণৰ পত্নীৰ লগত বহিলো। কাষতে পাকঘৰ। মৰাপাটৰ আগৰ পাতবোৰ চিঙি আছে। চিনা-জনা হ'লো। মন্ত্রীপত্নীয়ে পিন্ধি আছে হাজং পোছাক — পাঠানি আৰু গাত চেলেং। ডিঙিত এধাৰ মণি, নাকত নাকফুল, কাণত কাণফুল। তিনিজন পুত্র আৰু চাৰিজনী কন্যা সন্তানৰ মাতৃ যেন নালাগিল। মুখত এপাচি হাঁহি, মুকুতাৰ মণি যেন উজ্জ্বল দাঁত, উজ্জ্বল চকু, সুগঠ্রী, গা-মুখে ৰঙা-হালধীয়া আভা। সুঠাম দেহ। মই সুধিলো-- কি কৰি আছে? তেওঁ "নালিপাটা চিঙি আছে, ভাজি খাব লাগিব" বুলি কৈ মই খাম নে সোধাত মই কৈছিলো— "আমি নালিপাটা বুলি নকওঁ, মৰাপাটৰ

আগ বুলিহে খাওঁ।" তেওঁৰ লগত খাদ্য-অখাদ্য, ৰন্ধন-প্ৰকৰণৰ কথা হ'ল। দেখিলোঁ-- খাদ্য আমাৰ অসমীয়াৰ দৰে একেই,-- মাছ-পুঠি, কষ্টু(পাৰ)ৰ মাংস, ছাগলীৰ মাংস খায়। গাহৰি পোহা নহয়, গাহৰিৰ মাংসও নাখায়। আজি-কালি মুৰ্গী খোৱা কৰিছে। কিন্তু সকলোৱে নাখায়, সমাজক কাম-কাজত নাখায়। অসমীয়াৰ দৰে তেওঁলোকৰো কাছৰ মাংস প্ৰিয়। হাঁহৰ মাংসও খায়। বাস্তু পূজা, কালী পূজাত পাঠা ছাগলী, হাঁহ-পাৰ, কাছ ব'লি দিয়ে। আৰু দেখিলোঁ-- অসমীয়াৰ দৰে তেওঁলোকে মৰাপাটৰ আগ শুকুৱাই 'শুকুতা' কৰিও খায়। অসমীয়াৰ দৰে তেওঁলোকেও খাৰ-টেঙা বৰ ভাল পায়।

হাজংসকলৰ খাদ্যাভাস সম্পৰ্কে আৰু অধিক পাছলৈ জানিবলৈ আশা ৰাখি বৰ্মণৰ এন্দেচাডৰ গাড়ীত আমি কাটুলী নামৰ এখন উন্নত হাজং গাঁৱলৈ বুলি ওলালো। কাটুলী বিলৰ পাৰত চৌপাশে পাহাৰবেষ্টিত। ওখ-চাপৰ পাহাৰৰ কাষে কাষে-- সেউজীয়া পথাৰত কাম কৰি থকা মুনিহ-তিৰোতাৰ অক্লান্ত পৰিশ্ৰমত বৈ পৰা ঘামৰ গোন্ধ লৈ আমি মূল পথৰ পৰা সোমাই যোৱা এটি পথেৰে গৈ কাটুলী গাঁও পাইছিলো। তেতিয়া ৰাতিপুৱা বেলা সময় প্ৰায় দহ বাজি ত্ৰিশ মিনিট।

প্ৰথমে আমি এজন বয়োবৃদ্ধ লোকৰ ঘৰ বুলি আগবাঢ়ি গ'লো। নাম গংগাধৰ ৰয় (এতিয়া প্ৰয়াত)। ৮৪ বছৰ বয়সীয়া। আমাক তেওঁৰ মাজু ল'ৰাজনে আদৰি বাৰাণ্ডাৰ মুকলি ঠাইত বহুৱালে। তেখেত বাৰ্দ্ধক্যজনিত ৰোগত বিছনাত পৰি আছিল। তেওঁৰ ছোৱালীৰ ফালৰ নাতিনী এগৰাকী কল্পনা বৰ্মনক এজন শিক্ষকে পঢ়াই আছিল। কাটুলী হাইস্কুলৰ শিক্ষক যোগেশ চন্দ্ৰ পাঠক। তেওঁ মোৰ এসময়ত এসময়ত প্ৰাগজ্যোতিষ কলেজৰ ছাত্ৰ আছিল। তেওঁ কল্পনাক আন এটা ঘৰৰ বাৰান্দাত পঢ়াই আছিল। মোক তাত দেখা পাব বুলি ভবাই নাছিল। গুৱাহাটীৰ পৰা মানুহ অহা বুলি কোৱাত তেওঁ মোক দেখা পাই বাৰান্দাৰ পৰা জাপ মাৰি আহি 'ছাৰ, ছাৰ' বুলি মোক সেৱা জনাই -- কেতিয়া আহিলো, কিয় আহিলো, সুধি ব্যতিব্যস্ত কৰি তুলিলে। পশ্চিম গাৰোপাহাৰৰ মাজৰ এখন গাঁৱত মোক দেখা পাই তেওঁ গৌৰৱবোধ কৰিছিল। ইতিমধ্যে গাঁওখনৰ আন মানুহ আহিও আমাক বেটি ধৰিছিল। স্কুল-কলেজত পঢ়া গাভৰু ছোৱালী অনুপমা, কল্পনা,

অঞ্জলি আদিয়ে লাজ লাজ কৰি কাষ চাপি আহিছিল।

পুতেক-নাতিয়েক আদিয়ে গংগাধৰ ৰয়ক বিচনাৰ পৰা উঠাই আনি মোৰ কাষত বহুৱাই দিলে। মই নমস্কাৰ জনাই মোৰ পৰিচয় দিলো। শ্রীধৰল বর্মন আৰু হাজং উন্নয়ন সমিতিৰ সম্পাদক শ্রীসুশীল বর্মনকো চিনাকি কৰি দিলো। দুয়োজনকে জানে, মাত্র সেই সময়ত চকুৱে মনিব পৰা নাছিল। মই তেখেতক হাজংসকলৰ বিষয়ে সুধিলো, হাজংসকলৰ ধর্ম, কলা-কৃষ্টিৰ কথা সুধিলো।

থোৰতে তেওঁ ক'লে যে তেওঁলোক আদিতে হাজো-হাতীমূৰা পাহাৰৰ ওচৰৰ মানুহ। তেওঁলোকৰ হাজোৰ হয়গ্রীৰ মন্দিৰৰ লগত সম্পর্ক আছিল। তেওঁলোকৰ বাস্তু পূজাৰ দুটা মূর্তিৰ এটা ঘোঁৰাৰ, আনটো হাতীৰ। ঘোঁৰাৰ মূর্তি হয়গ্রীৰৰ চিন-- শক্তিৰ প্রতীক। হাতী হ'ল হাতীমূৰা পাহাৰৰ স্মৃতিসূচক-- গাম্ভীর্য আৰু মর্যাদাৰ প্রতীক।

তেওঁৰ পৰা 'বাৰমাহী' গীততৰো কেইফাকিমান শুনিলো। অসমীয়া বাৰমাহী গীতৰ লগত প্রায় মিল থকা দেখা গ'ল। এই সম্পর্কে মোৰ হাজং দ্বিতীয়-তৃতীয় প্রবন্ধত লিখা হ'ব।

আমি বেছি সময় কাটুলীত থাকিব নোৱাৰিলো। তাৰ পৰা বিদায় লোৱাৰ সময়ত কাটুলী হাইস্কুলৰ শিক্ষক শ্রীঅবিনাশ চৰকাৰৰ এটি নিজে ৰচনা কৰা গীত শুনাৰ পিছত সকলোকে পুনৰ অহাৰ বাবে কথা দি আৰু মোৰ এসময়ৰ ছাত্র যোগেশ চন্দ্র পাঠকক গংগাধৰ ৰয়ৰ পৰা 'বাৰমাহী গীত' সংগ্রহ কৰি মোলৈ পঠোৱাৰ দায়িত্ব দি কল্পনা, অনুপমা, তিলোহাঁতক মাত দি আমি দুফৰিগাঁৱলৈ আহি বর্মণৰ পত্নীৰ হাতে ৰন্ধা দুপৰীয়াৰ আহাৰ খাই হাজং উন্নয়ন সমিতিৰ ৫ম মহাসভাৰ উদ্বোধনী সভাৰ স্থানলৈ যাত্রা কৰিছিলো।

২১, ২২ আৰু ২৩ মে' তিনিওদিনৰ মিটিঙত ভাগ লৈছিলো। গীত, নাচ আদিৰ আয়োজন হ'ল। মোৰ অনুৰোধত ষ্টেজৰ উপৰিও মুকলি পথাৰত নৃত্য কৰি দেখুৱালে। বহু মানুহক লগ পালো। গাঁওবোৰৰ ল'ৰা-ছোৱালী, স্ত্রী-পুৰুষ, ডেকা-গাভৰুসকল আহিল। মানুহবোৰ অতি শান্ত, ভদ্র, ডেকা-গাভৰুবোৰ মুখত প্রশান্তময় জ্যোতি। বেছি ভাগ কৃষিজীৱী। চাকৰিয়ালৰ সংখ্যা অতি কম। দুফৰিগাঁও, চেলাপাৰা, আমপতি, কাটুলী, বেটাসিং, কুলি, জিকজক, ভৈৰৱকপী,

কৰেতল, গোফৰে, নুনমাটি, বাঘহানা, কোদালধোৱা, গিলোঝুৰি, উৰুবাৰী, কৰেগাঁও, কেন্দেকণা, যাৰমুৱা, তাৰাপাৰা, শূলগুৰি, ফুলজুৰি, মহেন্দ্ৰগঞ্জ, দাহা, কাচেগাঁও, কুমলিগাঁও আদি গাঁওবোৰৰ নাম। মানুহবোৰ চিনাকি চিনাকি লগা। মুখবোৰ চিনাকি। মাত-কথা আৰু চিনাকি। তেওঁলোকে হাজং ভাষা কয়-- কথিত ভাষা। কামৰূপ-গোৱালপাৰাৰ ভাষাৰ লগত বৰ মিল। কোঁচ-ৰাজবংশী ভাষাৰ লগত বেছি মিল। বেছি চিনাকি লাগিল তেওঁলোকৰ আচাৰ-ব্যৱহাৰ আৰু অসমীয়া সমাজৰ দৰে তামোলৰ বঁটাখন প্ৰথমে আগবঢ়াই দি আদৰ-সম্ভাষণ জনোৱা প্ৰথা দেখি।

(অধ্যক্ষ ভৱানন্দ ডেকাই লিখা হাজং জাতিৰ প্ৰাথমিক পৰিচয়সূচক এই ৰচনাখন হোমেন বৰগোহাঞিয়ে সম্পাদিত অসমৰ অতি প্ৰাচীন আৰু মৰ্যাদাসম্পন্ন সাপ্তাহিক বাতৰিকাকত 'অসম বাণী'ৰ ২৪ ফেব্ৰুৱাৰী ১৯৯৫ তাৰিখৰ সংখ্যাত 'হাজং' শিৰোনামেৰে প্ৰকাশিত।- - সম্পাদক)

অসম বাণী, গুৱাহাটী, ১১ ফাল্গুন ASAM BANI, February 24, 1995   [উনত্ৰিশ]

মেঘালয় হাজং উন্নয়ণ সমিতিৰ ৫ম মহাসভা
পশ্চিম গাৰোপাহাৰ ঃ মেঘালয়

স্থান ঃ চেলাপাৰা (আমপাতি)
পশ্চিম গাৰোপাহাৰ

নিবেদন,

অহা মে' মাহৰ ২১, ২২ আৰু ২৩ তাৰিখ শুক্র, শনি আৰু দেওবাৰে সিপিঠিত দিয়া তিনিদিনীয়া কার্য্যসূচীৰে মেঘালয় হাজং উন্নয়ণ সমিতিৰ ৫ম মহাসভা পতাৰ আয়োজন কৰা হৈছে।

মুকলি সভাত মেঘালয়ৰ মাননীয় মুখ্য মন্ত্রী শ্রীছালসিং মাৰাক মহোদয়ে মুখ্য অতিথি আৰু অসম সাহিত্য সভাৰ অন্তর্গত গুৱাহাটীৰ বাজগড় সাহিত্য চ'ৰাৰ সম্পাদক প্রাক্তন অধ্যক্ষ শ্রীভৱানন্দ ডেকাই বিশিষ্ট অতিথি হিচাপে যোগদান কৰিব।

এই মহাসভাত মেঘালয় আৰু অসমৰ বিভিন্ন জনগোষ্ঠীৰ শিল্পীৰ দলে সাংস্কৃতিক অনুষ্ঠানত গীত, নৃত্য, ভাওনা আদি প্রদর্শন কৰিব।

তদুপলক্ষে আপোনালোকক দলে দলে সভাৰ সকলো কার্যসূচীত যোগদান কৰি সভাৰ উদ্দেশ্য সাফল্যমণ্ডিত আৰু উৎসাহ উদ্দীপনা আগ বঢ়াব বুলি আশা কৰিলোঁ। ইতি

—বিনয়া বনত—
শ্রীধীৰেন্দ্র চন্দ্র হাজং
সম্পাদক,
মেঘালয় হাজং উন্নয়ণ সমিতি, তুৰা।

১০ মে, ১৯৯৩ ইং

শ্রীৰূপীন্দ্র হাজং
সম্পাদক,
অভ্যর্থনা সমিতি, ৫ম মহাসভা, চেলাপাৰা।

কাৰ্য্য-সূচী

২১।৫।৯৩ : শুক্ৰবাৰ

ৰাতিপুৱা – ৫ বজা : প্ৰাৰ্থনা আৰু প্ৰভাত ফেৰি।

৮ বজা : সমিতিৰ পতাকা উত্তোলন আৰু শিবিৰ উদ্বোধন। কৰিব প্ৰতিনিধি সভাত সভাপতিত্ব কৰিব মেঘালয় ৰাজ্যৰ প্ৰাক্তন মন্ত্ৰী শ্ৰীধৱল চন্দ্ৰ বৰ্মণ ডাঙৰীয়াই।

আবেলি – ১ বজাৰ পৰা ৩ বজালৈ : সাধাৰণ সভা। মুখ্য অতিথি হিচাপে যোগদান কৰিব শ্ৰীমুকুল চাংমা, এম, এস, এ ডাঙৰীয়াই।

৩ বজাৰ ৰ পৰা ১০ বজালৈ : ধৰ্ম-সভা।

সন্ধিয়া – ৭ বজাৰ পৰা ১০ বজালৈ : সাংস্কৃতিক সন্ধিয়া। উদ্বোধক – প্ৰাক্তন অধ্যক্ষ ভৱানন্দ ডেকা।

২২।৫।৯৩ : শনিবাৰ

ৰাতিপুৱা – ৫ বজাৰ পৰা কীৰ্তন।

„ ৮ বজাৰ পৰা ১০ বজালৈ : প্ৰতিনিধি সভা।

„ ১০ বজাৰ পৰা ১২ বজালৈ : মহিলা সন্মিলন। উদ্বোধন কৰিব অসম সাহিত্য সভাৰ সদস্যা, অসম প্ৰাদেশিক মহিলা সমিতিৰ সদস্যা আৰু পোহৰ প্ৰয়াসী মহিলা সমিতিৰ কাৰ্য্যকৰী সুভানেত্ৰী শ্ৰীনলিনী প্ৰভা ডেকাই।

আবেলি – ২ বজাৰ পৰা ৫ বজালৈ সাধাৰণ সভা : শ্ৰীগোপী নাথ চাংমা বয়ন আৰু বেছম শিল্প বিভাগৰ মন্ত্ৰী ডাঙৰীয়াই মুখ্য অতিথি হিচাপে যোগদান কৰিব।

সন্ধিয়া – ৭ বজাৰ পৰা ১০ বজালৈ সাংস্কৃতিক অনুষ্ঠান।

২৩।৫।৯৩ : দেওবাৰ

ৰাতিপুৱা – ৫ বজাত প্ৰাৰ্থনা আৰু উষা কীৰ্তন।

„ ৭ বজাৰ পৰা ১০ বজালৈ : প্ৰতিনিধি সভা আৰু নতুন কাৰ্য্যকৰী কমিটি গঠন।

„ ১০ বজাৰ ৰ পৰা ১২ বজালৈ : ছাত্ৰ আৰু যুৱ সন্মিলন।

আবেলি – ১ বজাৰ পৰা ৪ বজালৈ মুকলি সভা : মেঘালয় ৰাজ্যৰ মুখ্যমন্ত্ৰী শ্ৰীছালছিং মাৰাক ডাঙৰীয়াই মুখ্য অতিথি আৰু অসম সাহিত্য সভাৰ সদস্য প্ৰাক্তন অধ্যক্ষ শ্ৰীভৱানন্দ ডেকাই বিশিষ্ট অতিথি হিচাপে যোগদান কৰিব।

বি : দ্ৰ :– ৰাইজ তথা সদস্যসকলৰ বাবে মূল্য দি খোৱাৰ বাবে হোটেলৰ ব্যৱস্থা কৰা হৈছে।

উত্তৰ পূৰ ভাৰতৰ হাজং জনগোষ্ঠী ঃ ঐতিহাসিক বৃত্তান্ত

সমগ্র উত্তৰ পূৱ ভাৰততে হাজং জনগোষ্ঠীৰ লোকে বাস কৰে। তেওঁলোক অসমৰ থলুৱা জনগোষ্ঠী, অসমীয়াভাষী লোক। তেওঁলোকৰ নিজা কথিত ভাষা আছে। অসমীয়া ভাষাৰেই আদিৰূপৰ ভাষা কথোপকথনত তেওঁলোকে ব্যৱহাৰ কৰে। গোৱালপৰীয়া ৰাজবংশী ভাষাৰ সদৃশ। কামৰূপী ভাষাৰ ঠাঁচ আৰু সুৰ আছে। তেওঁলোকৰ ল'ৰা-ছোৱালীয়ে অসমীয়া মাধ্যমত শিক্ষালাভ কৰে।

হাজংসকলৰ বেছিভাগ লোক নামনি অসমৰ ব্রহ্মপুত্র উপত্যকাৰ দক্ষিণ-পশ্চিম ভাগত বাস কৰে। অৱশ্যে অসমৰ আন বহু ঠাইত হাজং লোক আছে। গুৱাহাটীতেই বোন্দাত প্রায় ১২০ ঘৰ হাজং লোক আছে। গোৱালপাৰা জিলাৰ লক্ষ্মীপুৰ, দুধনৈ, বিজনী অঞ্চল, কামৰূপৰ দক্ষিণ ভাগত, দৰঙৰ পানেৰী অঞ্চলত, লক্ষ্মীমপুৰ জিলাৰ (ক) নকাৰি (ৰেল ষ্টেচনৰ কাষ), (খ) সোৱণশিৰিৰ পাৰৰ চাউলধোৱা, (গ) মুৰ্কংচেলেঙৰ কাষৰ নলবাৰী, সাতগাঁও, জয়ৰামপুৰ, জোনাই আদিত হাজং লোক সিঁচৰতি হৈ আছে। পানীখাইতিত এখন হাজং গাঁও আছে, কিন্তু বর্তমান তাত হাজং মানুহ নাই। গাৰোপাহাৰত বহুত হাজং আছে। বাংলাদেশ, অৰুণাচলতো হাজং লোক আছে।

আমি এইখিনিতে হাজংসকলৰ বিষয়ে কিছু কথা দাঙি ধৰিব খুজিছোঁ। পণ্ডিতসকলৰ লেখাৰ পৰা জনা যায় হাজংসকল মঙ্গোলীয় গোষ্ঠীৰ লোক। কিছুমানৰ মতে, তেওঁলোক বৃহত্তৰ বড়ো-গোষ্ঠীৰ এটা শাখা। ১৮৯১ চনৰ লোক-পিয়লৰ প্রতিবেদনত আছে– "ৰাভাসকলৰ দৰে হাজংসকল গাৰো

আৰু কছাৰীসকলৰ ওচৰ সম্পৰ্কীয়। কিন্তু তথাপি এটা বেলেগ জনজাতি যেন লাগে। তেওঁলোকক প্ৰধানকৈ গাৰোপাহাৰ আৰু ছিলেট, গোৱালপাৰা আৰু খাছীয়া পাহাৰৰ সীমান্তৱৰ্তী অঞ্চলত পোৱা যায়।" ("The Hajong, like the Ravas are closely allied to the Garos, and Kacharies, but appear neverthless to be a separate life. They are chiefly found in Garo Hills and the adjacent district of Syllet, Goalpara, Khasi Hills.")

এই প্ৰতিবেদনত হাজংসকলৰ প্ৰকৃত পৰিচয় দাঙি ধৰিব পৰা নাই। হাজংসকলে নিজৰাজ্য হাছ পৰগণা এৰি যাবলগা হোৱাত বহুত ঠাইত সিঁচৰতি হৈ নিজৰ স্বকীয় চিনাকি হেৰুৱায় বুলি বহুতে ভাবে। কাৰণ আজিৰ হাজংসকলৰ খোৱা-লোৱা, থকা-মেলা, আচাৰ-ব্যৱহাৰ সম্পূৰ্ণ খাচ অসমীয়া। অসমীয়া ভাষাই ৰূপান্তৰ ঘটি 'হাজং বা জাৰুৱা ভাষা' নাম পাইছে গাৰোপাহাৰ, ছিলেট আদিত। হাজং শব্দটোৰ প্ৰকৃত অৰ্থ আমি আলোচনা কৰিলেই বহু কথা ওলাই পৰিব। তাক আমি পিছত আলোচনা কৰিম।

ডেল্টন (Dalton) নামৰ এজন ইংৰাজ পণ্ডিত লোকে ১৮৭২ চনত হাজং সম্পৰ্কে দিয়া উক্তি— "হাজংসকল উত্তৰ কাছাৰৰ হাজাই কছাৰীসকলৰ একে গোত্ৰীয় বুলি দেখা যায়"– বিজ্ঞানসন্মত নহয়। ডেল্টনৰ গ্ৰন্থখন হ'ল— 'Tribal History of Eastern India'। সেইখনতেই তেওঁ আৰু লিখিছে— "ৰাভা আৰু হাজং কছাৰী জাতিৰ ঠালৰ আৰু গাৰোৰ লগত সম্পৰ্কিত।" ১৮৯১ চনৰ লোক-পিয়লত আৰু কোৱা আছে যে "যদিও বৰ্তমান হাজংসকলে অসমৰ জাৰুৱা কথিত ভাষা বা মৈমনচিঙৰ (পূৰ্ব বঙ্গৰ) কথিত ভাষা কয়, এইটো একেবাৰে সম্ভৱ যে তেওঁলোক বড়ো, কোচ আৰু ৰাভাসকলৰ দৰে একে ঠালৰ।" ("Though the Hajongs now-a-days speak the Tharua dialect of Assam or the Maimensing diatect of East Bengal, it is very likely that they belong to the same branch as the Bodos, Koches and Ravas.")

বহু বছৰ পূৰ্বে বড়ো জনগোষ্ঠীৰ লোকে গোটেই ব্ৰহ্মপুত্ৰ উপত্যকা,

উত্তৰ বংগ আৰু পূৰ্ব বংগত বিস্তাৰ কৰি আছিল আৰু তেওঁলোকে উত্তৰ-পূৰ ভাৰতত এটি শক্তিশালী গোষ্ঠীৰূপে স্থান অধিকাৰ কৰিছিল। ড° সুনীতি কুমাৰ চেটাৰ্জীৰ অভিমত- "তেওঁলোকৰ ভাষা বিস্তৃতি বিচাৰ কৰি চালে দেখা যায়, বড়োসকল প্ৰথমতে গোটেই ব্ৰহ্মাপুত্ৰ উপত্যকাতে বসতি কৰিছিল আৰু পশ্চিমে উত্তৰ বঙ্গলৈ (কোচবিহাৰ, ৰংপুৰ, দিনাজপুৰ জিলা) বিস্তৃতি লাভ কৰিছিল, য'ত গাৰো হিচাপে তেওঁলোকে বড়োভাষা গোষ্ঠীৰ গড় দিছিল। গাৰোপাহাৰৰ দক্ষিণত তেওঁলোকে মৈমনচিঙলৈ বিয়পিছিল, য'ত আধা-আদি বঙালী হৈ পৰা হাজংসকলৰ বড়ো গোষ্ঠীৰ লোক। ("Judging from the wide range of extension of their language, the Bodos appear first to have settled over the entire Brahmaputra Valley, and extended west into North Bengal (in Koch Bihar, Raogpur and Dinajpur district). The skirted the Southern land of the Brahmaputra and occupied the Garo Hills, where as Garos they from a block of Bodo Speach in northern Maimensingh, where the semi-Banlalised Hajong tribe is of Bodo origin.")

আমি এতিয়া হাজংসকলৰ কেইগৰাকীমান চিন্তাবিদ, পণ্ডিত লোকে নিজৰ বিষয়ে কি কয়, চাওহঁক। তেওঁলোকৰ প্ৰায়বোৰে মত দাঙি ধৰে যে আদিতে তেওঁলোক ব্ৰহ্মাপুত্ৰৰ পাৰৰ মানুহ আছিল। হাছ পৰগণাৰ লোক আছিল। অসমৰ পশ্চিম ভাগ কিছুদিন মোগলৰ শাসনৰ তলত থকাৰ সময়ত পৰগণাৰ সৃষ্টি হৈছিল। কামৰূপ (অবিভক্ত) আৰু গোৱালপাৰাতেই পৰগণাবোৰ দেখা যায়। এতিয়াও 'পৰগণা' নামৰ সোৱাদ মানুহৰ মুখত আছে। কামৰূপ-গোৱালপাৰাৰেই কিছুমান পৰগণা হ'ল- বৰনগৰ পৰগণা, বিজনী পৰগণা, হাউলী পৰগণা, বজালী পৰগণা, ক্ষেত্ৰি পৰগণা, হাজো পৰগণা আদি। 'হাজো পৰগণা' নামটো হাজংসকলৰ মুখত পৰৱতী কালত 'হাছ পৰগণা' নাম পায়। হাজংসকলৰ মুখত অসমীয়া শব্দ কিছুমানৰ উচ্চাৰণৰ বাবে মূল শব্দটোৰ এটা বেলেগ ৰূপ লোৱাৰ ফল হাজংসকলৰ মাজত এটা নিজা ভাষা-- জাৰুৱা তথা হাজং ভাষাই গঢ় লৈছে বুলি অনুমান হয়। উদাহৰণ

হিচাপে সংক্রান্তি — হাঙ্গাৰাণি। ৰান্ধনীশাল হ'ল — নান্দন শাল। ৰান্ধন — নান্দন। সাজ শব্দটো হাচ হ'ল। এসাঁজ ভাতৰ ঠাইত হ'ল এহাচ ভাত। বৰা ধান — কামৰূপত বন্নি ধান — হাজংসকলৰ মাজত হ'ল বিনি ধান। মা-বাপ হ'ল মাও-বাপ। দুবৰি বন হ'ল দুবুলা বন। গতিকে হাছ পৰগণাই হাজো পৰগণাকেই বুজায়। হাজংসকল আদিতে হাজো পৰগণাৰ লুইতপৰীয়া লোক আছিল।

শ্রীমতিলাল বৰ্মনৰ 'হাজং সমাজ আৰু সংস্কৃতি' নামৰ প্ৰৱন্ধ এটাত পোৱা যায়— "পৰম্পৰাগত বিশ্বাসমতে তেওঁলোকে (হাজংসকল) আদিতে নলবাৰী জিলাৰ "হাছ পৰগণা" অৰ্থাৎ হাজো অঞ্চলত বাস কৰিছিল।" কিছুমান ঐতিহাসিক কাৰণত তেওঁলোকে হাজো ত্যাগ কৰিবলৈ বাধ্য হয় আৰু গাৰোপাহাৰলৈ গুচি আহিছিল। তাৰপৰা মৈমনচিং, ৰাজশাহী, শ্রীহট্ট আদি ঠাইলৈ বিস্তাৰ লাভ কৰিছিল।

তুৱাৰ দক্ষিণ পশ্চিমত থকা কাটুলী গাঁওৰ ৮৫ বছৰীয়া স্বৰ্গীয় গঙ্গাধৰ ৰয়ৰ (১৯৯৩ চনৰ ২১/২২ মে'ত লগ পাওঁ। বৰ্তমান তেওঁৰ প্রয়াণ ঘটিছে) মতে তেওঁলোক আদিতে হাজোৰ মানুহ, — চান্দ সদাগৰৰ দেশৰ মানুহ। তেওঁলোকৰ মাজত বেউলা-লখিন্দাৰৰ কাহিনী বৰ প্রিয়। হাজংসকলৰ বিয়াত গীতাল দলে বেউলা-লখিন্দাৰৰ কাহিনী গীত গাবই লাগে। হাজোৰ পৰাই হাজং নামটো অহা বুলি তেওঁ ভাবে। হাজংসকলৰ মাজত "বাস্ত পূজা" নামৰ এটা পূজা আছে। গাঁওৰ সমূহীয়া কল্যাণৰ বাবে এই পূজা কৰা হয়। এইটো তেওঁলোকৰ মূল পূজা। বাস্ত পূজাৰ সময়ত বেদীত দুটা মাটিৰ মূৰ্তি থাপনা কৰা হয়। এটা হাতীৰ মূৰ্তি আৰু আনটো ঘোঁৰাৰ মূৰ্তি। স্বৰ্গীয় গঙ্গাধৰ ৰয়ৰ মতে বাস্ত পূজাৰ ঘোঁৰাৰ মূৰ্তি হয়গ্রীৱৰ চিন আৰু হাতী হাজোৰ ওচৰৰ হাতীমূৰা পাহাৰৰ স্মৃতি। তেওঁৰ মতে ক'ব পাৰি— হাজংসকলে বহুত দিন আগতে হাজো-বামুন্দী-ছয়গাঁও অঞ্চলত বাস কৰিছিল।

আন এগৰাকী হাজং সাহিত্যিক শ্রীপৰেশ হাজংএ 'জনশিক্ষা'ত প্রকাশিত 'হাজং জনজাতিৰ জন্ম ৰহস্য' শীৰ্ষক প্ৰৱন্ধত কৈছে— "হাজংসকল কাৰ্ত্তবিৰ্য্যাৰ্জ্জুনৰ পৰা বাট্রি অহা বংশধৰ। কাৰ্ত্তবিৰ্য্যাৰ্জ্জুন মহাভাৰতৰ যুগৰ এজন

শক্তিশালী ক্ষত্রিয় ৰজা আছিল। কার্ত্তবির্য্যার্জুন মহাভাৰত যুগৰ এজন ক্ষত্রিয় শক্তিশালী ৰজা আছিল। এই ৰজাজনে পৰশুৰামৰ পিতৃ জমদগ্নিক বধ কৰাৰ বাবে পৰশুৰামে ক্ষত্রিয় নিধনৰ প্রতিজ্ঞা কৰে আৰু কার্ত্তবির্য্যার্জুনক বধ কৰে। ৰাণীয়ে ৰাজধানীৰ পৰা পলায়ন কৰে আৰু পুৰণি কামৰূপ ৰাজ্যৰ কামদত্ত ঋষিৰ আশ্রমত আশ্রয় লয়। তেওঁ হাজো অঞ্চলক নিজৰ অধীনলৈ আনে আৰু মন্দিৰো তেওঁৰ হাতলৈ আহে। কুমাৰ ভাস্কৰ বর্মন এই বংশৰ ৰজা আছিল। শেষ ৰজা ভৱত বর্মনৰ দিনত হাজো নগৰ ধ্বংসপ্রাপ্ত হয় আৰু হাজাৰ হাজাৰ লোক গাৰোপাহাৰলৈ পলাই যায়। তাত তেওঁলোকে প্রথম বসতি কৰা ঠাইৰ নাম হয় হাজাৰি। এই হাজাৰিৰ পৰা তেওঁলোক বিভিন্ন ঠাইলৈ গৈ বিস্তাৰ লাভ কৰে। এই লোকসকলে তেওঁলোকৰ বাবে এটা নতুন নাম গ্রহণ কৰে-হাজোৰ লগত সম্পর্ক থকা হাজ। কালক্রমত হাজৰ পৰা হাজং হয়। এই পৰম্পৰাগত কাহিনীয়ে কয় যে হাজংসকল কুমাৰ ভাস্কৰ বর্মনৰ বংশধৰ আৰু হাজং শব্দটো হাজৰ ৰূপান্তৰ।

গাৰোপাহাৰৰ হাজংসকলৰ মাজত ‘বর্মন’ উপাধি লোৱা কিছু মানুহ পোৱা গৈছে। হাজং জাতি সম্পর্কে তেওঁলোকৰ অৱধাৰণা অলপ বেলেগ। বর্মনসকলৰ কিছুমানে কয়— তেওঁলোক বৃহত্তৰ বড়ো জনগোষ্ঠীৰ লোক নহয়। তেওঁলোক কোচ-ৰাজবংশীৰ সমপর্যায়ৰ হিন্দু মানুহ— বর্মন ক্ষত্রিয়। হাজো অঞ্চলত বা লুইতপাৰত থাকোতে তেওঁলোকৰ ভাষা, আচাৰ-নীতি অসমীয়া ৰূপে গঢ় লৈছিল। অসমীয়া ভাষাৰ আদি ৰূপ হয়তো হাজং-কোচ ৰাজবংশী লোকসকলে কোৱা ভাষাৰ মাজতেই আছে। হাজংসকলে যি মাত-কথা কয়, তাত থকা শব্দবোৰৰ শতকৰা ৭০/৮০ ভাগ অসমীয়া-কামৰূপী ৰাজবংশী। বাকী ৩০/২০ ভাগ হাজং ভাষাৰ নিজা। গোৱালপৰীয়া-কামৰূপী ৰাজবংশী ভাষাৰ অনুৰূপ।

শিৱসাগৰৰ পৰা ভটিয়াই আহিলে অসমীয়া ভাষা-লুইতপৰীয়া ভাষাৰ বিচিত্র ৰূপ দেখা যায়। কেতিয়া-কিত্তে-কেথেন, এনেকৈ-এংকে, উংকাই। হাজংসকলে কোৱা ভাষাৰ এটা নমুনা চাওক— “উত্তৰ পূৱ ভাৰত আৰ বাংলাদেশৰা উত্তৰ অংশ নি যি সকল আদিবাসী উপজাতি বাস কৰে তাৰ

মধ্যে হাজং জাতি একৰা অন্যতম নাম। প্ৰাগৈতিহাসিক যুগ সম্ভৱত হাজংলা হাজং নাম নাহুবান। হাজংগালা উ বুলা কুন নামে পৰিচিত উবান এবং কত হাজাৰ বসৰ আগে কুন অৰসুলো ভিতুৰদে কুনবুল। হাজং নাম উত্তৰণ ঘুটছে উ ইতিহাস আজি আমলা অজানা।" শিৱসাগৰৰ পৰা ভটিয়াই গ'লে দেখা যায় গোলাঘাট, হোজাই, নগাঁও, মৰিগাঁও, গুৱাহাটী, দৰং, নলবাৰী, ক্ষেত্ৰি, বজালী, বৰপেটা, অভয়াপুৰী, ৰামৰায়কুঠি, মধুপুৰ, ৰংপুৰ আদিলে একে ভাষাই বেলেগ বেলেগ স্থানীয় ৰূপ লৈছে। গতিকে বৰ্তমান হাজংসকলে কোৱা ভাষাটো কথিত ভাষা। তেওঁলোক অসমীয়াভাষী। তথাপি এনে কথিত ভাষাকেই লিখিত ভাষাৰ ৰূপ দিয়াৰ প্ৰচেষ্টা চলে। হাজংসকলে বৰ্তমান নিজৰ কথিত ভাষা "হাজং" ভাষাক লিখিত ৰূপ দিয়াৰ বাটত খোজ দিছে। তেওঁলোকে নিজকে পৰিচয় দিয়াৰ বাবে সাজু হৈছে। অসম সাহিত্য সভাই হাজংসকলৰ প্ৰতি একো চকু-কাণ দিয়া নাই। ইমান দিন এই গোষ্ঠীৰ লোকসকলে অসমীয়া ভাষাকেই মাতৃভাষা হিচাপে লৈ আহিছে আৰু গ্ৰহণ কৰি আহিছে।

অসম-মেঘালয়ৰ হাজংসকলে নিজৰ ল'ৰা-ছোৱালীক অসমীয়া মাধ্যমত শিক্ষা লাভ কৰায়। ১৯৯৩ চনত যেতিয়া মই প্ৰথম হাজংসকলৰ বিধায়ক হিচাপে মন্ত্ৰীত্বৰ বাব পোৱা শ্ৰীধবল চন্দ্ৰ বৰ্মনক লগ পাওঁ, তেওঁৰ পৰা জানো যে যদিও তেওঁ তেওঁৰ দুজনী ছোৱালী আৰু দুজন ল'ৰা চিলঙৰ স্কুলত পঢ়ায়, তেওঁলোকক অসমীয়া মাধ্যমৰ স্কুলতহে পঢ়াইছিল, তেতিয়া মই ইংৰাজী মাধ্যমত কিয় শিক্ষা গ্ৰহণ কৰিব নিদিলে বুলি সোধাত তেতিয়া তেওঁ কৈছিল— "মোৰ ল'ৰা-ছোৱালী ইংৰাজী মাধ্যমত পঢ়ালে কি হ'ব? পশ্চিম গাৰো পাহাৰৰ দুফৰি গাঁৱলৈ গ'লে অসমীয়া ক'বলৈ যদি পাহৰি যায়?" এনেকুৱা মন হাজং লোকসকলৰ।

পশ্চিম গাৰোপাহাৰৰ হাজংসকলৰ গাঁওবোৰত সোমালে ধৰিব পাৰি— সেইবোৰ অসমীয়া গাঁও। প্ৰতি ঘৰত শালত কাপোৰ। হাজং ছোৱালীবোৰে (তেওঁলোকৰ ভাষাত 'আপি' বা 'চেওৰী') নিজ হাতে শালত বুই উলিওৱা পাঠানি (পাউনি) পিন্ধে, গাত গামোচা। কঁকালতো গামোচা বান্ধি লৈ কাম

কৰে। তিৰোতাবোৰ বৰ বাংঢালী, মুখত এমোকোৰা তামোল। মানুহ গ'লে প্রথমে তামোলৰ বঁটাখনকেই আগবঢ়ায়। এই হাজংসকলে বর্তমান নতুনকৈ জীৱনটো গঢ়ি তোলাত আগবাঢ়ি যোৱা দেখা গৈছে। হাজং কথিত ভাষাক লিখিত ৰূপ দিয়াৰ যত্ন কৰিছে। "হলক" নামৰ হাজং কথালা (ম্যাগাজিন) মুখপত্র তুৱাৰ পৰা উলিয়াইছে।

হাজংসকল পূর্বে হাজং নামে পৰিচিত নাছিল। হাজং নাম সম্পর্কে নানা মত আছে। হাজং জাতিটোৰ আদি বাসস্থান ক'ত আছিল, হাজং নাম কেনেকৈ আহিল, হাজং নামৰ উদ্ভৱ কেনেকৈ হ'ল, ইত্যাদি সম্পর্কে আজিও সঠিক সিদ্ধান্তত উপনীত হ'ব পৰা নাই। প্রাগঐতিহাসিক যুগত হাজংসকল হাজং নামে পৰিচিত নাছিল। হাজংসকল সেই সময়ত কি নামেৰে পৰিচিত আছিল আৰু কিমান বছৰ পূর্বে কোন অৱস্থাৰ ভিতৰেদি কোন সময়ত তেওঁলোকৰ হাজং নামৰ উত্তৰণ ঘটিছিল, সেই ইতিহাস জানিব পৰা নাযায়। কাৰণ হাজং সম্পর্কে কোনো প্রামাণ্য গ্রন্থ এতিয়ালৈকে ওলোৱা নাই। নিখিল ভাৰত হাজং কল্যাণ সংস্থা, মেঘালয় হাজং কল্যাণ সংঘ আদিয়ে হাজং সম্পর্কে এখন তথ্যভিত্তিক ইতিহাস প্রণয়নৰো চেষ্টা হাতত লোৱা বুলি জানিব পৰা নাই।

হাজংসকলে নিজৰ উৎপত্তি সম্পর্কে নানা কিংবদন্তি আৰু বিশ্বাসৰ ওপৰত গুৰুত্ব দিয়া যেন লাগে ঃ

১) হাজংসকলে নিজকে বৃহত্তৰ হিন্দুৰ বর্ণাশ্রম ধর্মমতে নিজকে ক্ষত্রিয় বুলি ভাবে। তেওঁলোকে পূর্বে হাজো পৰগণাত থকা বুলি বিশ্বাস কৰে আৰু হাজোৰ পৰাই হাজং নাম পায়। কিন্তু হাজোত থকাৰ পূর্বে হাজংসকল ক'ত আছিল, তাৰ ইতিহাস নাই।

২) কোনো কোনো লিখকৰ মতে, হাজং শব্দটো কছাৰী ভাষাৰ শব্দ। ইয়াৰ অর্থ হ'ল-- পার্বত্য জাতি বা পাহাৰৰ মানুহ। এসময়ত হাজংসকলক পাহাৰত বাস কৰা দেখি কছাৰীসকলে তেওঁলোকক হাজং বা পাহাৰৰা মানুহ হিচাপে চিনাকি দিছিল।

৩) কিছুমান লিখকে কোচ শব্দ 'হা-চং'ৰ পৰা হাজং শব্দৰ উৎপত্তি হৈছে

বুলি বিশ্বাস কৰে। 'হা-চং'ৰ অর্থ হ'ল মাটিৰ পোক।

৪) কিছুমানে কয় যে হাজং নামটো গাৰোসকলে দিয়া নাম। গাৰোসকল পাহাৰীয়া জাতি। পাহাৰত থাকি হাল খেতি কৰিব নাজানে। ঝুম খেতি কৰে। আনহাজে হাজংসকলৰ জীৱিকাৰ পথ হাল খেতি। গাৰোসকলে হাজংসকলক সমতল মাটিত হাল বোৱা দেখে। হাল বোৱা মাটিত শস্যৰ গুটি সিঁচি দিয়ে। শস্যবোৰ গজি উঠে, –– পথাৰ সেউজীয়া পৰে, –– শস্যৰ গুটি হয়, –– পথাৰ সোণালী হৈ উঠে। এইবোৰ দেখি গাৰোসকলে তেওঁলোকক হাজং নাম দিছে বুলি কোৱা হয়। হা মাজে মাটি, জং মানে পোক। সাধাৰণ অর্থ— মাটিৰ পোক। বিশেষ অর্থ "মাটিৰ লগত সম্পর্ক থকা জীৱ।" 'মাটিৰ গুষ্টি'। তাত্ত্বিক অর্থ— মাটিৰ উৎপাদিকা শক্তি ব্যৱহাৰ কৰি শস্য উৎপাদন কৰে। হাজংসকল মাটিত শস্য উৎপাদন কার্যত ব্যস্ত থাকে। মাটিৰ পোকৰ দৰে কাম কৰি থাকে। প্রকৃততে মানুহৰ জীৱন আৰু জীৱিকা মাটিকেন্দ্রিক। মৰণৰ আশ্রয়ো মাটি। জীৱন মৰণৰ আশ্রয় মাটি।

৫) কিন্তু হাজংসকলৰ নতুন ডেকাছামে কয়— "আমাৰ হাজং নাম কছাৰী, কোচ বা গাৰোসকলে দিয়া নাম নহয়। হাজংসকল পাহাৰী জাতি নহয়। গতিকে কছাৰী শব্দ প্রযোজ্য নহয়।"

নতুনছামে নতুন দৃষ্টিৰে তেওঁলোকৰ ইতিহাস ৰচনা কৰিবলৈ সাজু হৈছে। 'হলক' নামৰ আলোচনীখনৰ জৰিয়তে হাজং ভাষাৰে মনৰ কথা প্রকাশ কৰিবলৈ লৈছে। হলকৰ মাজেদি "হাজং নামলা উৎপত্তি ও তাৎপর্য" শীর্ষক প্রৱন্ধেৰে শ্রীহাজং ফেংচালি বর্মাই মত পোষণ কৰে যে— "আগৰ পৰাই হাজং নামেৰে হালবোৱা জাতি। কোচ আৰু গাৰোসকলে তেওঁলোকক হাল বোৱা দেখে— মাটিৰ পোকৰ দৰে খেতিত লাগি থাকে। নামৰ লগত কামৰ মিল দেখি তেওঁলোকৰ নামৰ সার্থকতা দেখে।" নামে-কামেই হাজং বুলি প্রচাৰ কৰে। গতিকে হাজং নাম কোচ বা গাৰোসকলে দিয়া নাম নহয়। ই হাজংসকলৰ 'নিজালাই উবানি নাম'।

৬) প্রৱন্ধ লেখক হাজং ফেংচালি বর্মাই হাজং শব্দৰ বিশেষ অর্থ দাঙি ধৰিছে। হাজং ভাষাত 'হাজ' মানে সংঘবদ্ধ, প্রস্তুত, বাচি থাকা। ং-ৰ অর্থ

প্ৰস্তাৱ, ডাক দিয়া। গতিকে হাজং শব্দৰ অৰ্থ হ'ল "সংঘবদ্ধ থাকং", "প্ৰস্তুত হং", "হাজকাজং", "বাচে থাকং" ইত্যাদি।

অসমৰ অন্যান্য জনগোষ্ঠীৰ দৰে হাজংসকলেও আজি নতুন চিন্তা কৰিছে। হাজংসকলৰ অন্য জনজাতিৰ দৰে নিজা কথিত ভাষা আছে যদিও সি লুইতপাৰৰ অসমীয়া ভাষাৰ আদি ৰূপ। তেওঁলোকে কোৱা ভাষা অসমীয়া-বৰপেটীয়া ভাষা-- গোৱালপৰীয়া কোচ-ৰাজবংশীৰ ভাষাৰ দৰে। গতিকে অসম সাহিত্য সভাই এতিয়াই হাজংসকলৰ মাজত সোমাই তেওঁলোকক বৃহত্তৰ অসমীয়া সমাজৰ অন্তৰ্ভুক্ত কৰি ৰখাৰ যত্ন কৰক। তেওঁলোকৰ পৰা দুজন-এজন গাৰোপাহাৰৰ আৰু এজন অসমৰ পৰা অসম সাহিত্য সভাই মনোনীত সদস্য হিচাপে লোৱাৰ যত্ন কৰক। অসম সাহিত্য সভাই গোৱালপাৰাৰ লক্ষীপুৰ, গাৰোপাহাৰৰ টিক্ৰি জিল্লাত, চেলাপাৰা-দুফৰি-গাঁও কাটুলীত একোখন আলোচনা সত্ৰৰ বৈঠক পাতক। অসমৰ কাকত-আলোচনীয়ে কেৱল হাজঙৰেই নহয়, আন আন জনগোষ্ঠীৰ কথাও প্ৰকাশ কৰক। হাজংসকলৰ বিষয়ে বিশেষ অধ্যয়ন চলাওক। হাজংসকলে আজি নিজৰ প্ৰকৃত পৰিচয় বিচাৰিছে।

(অধ্যক্ষ ভৱানন্দ ডেকাই লিখা হাজং জনগোষ্ঠী বিষয়ক এই গৱেষণা-পত্ৰখন পোনতে 'দক্ষিণায়ন দূত' নামৰ পয়েকীয়া কাকতৰ দ্বিতীয় বছৰ নৱম সংখ্যাত ১৯৯৩ চনত প্ৰকাশিত, আৰু পৰৱৰ্তী সময়ত পুনৰ সম্পাদিত আৰু সংশোধিত ৰূপত 'দৈনিক অসম' বাতৰিকাকতত ১৯৯৫ চনত আৰু 'প্ৰাগজ্যোতিষপুৰ' নামৰ গৱেষণা-পত্ৰিকাত অক্টোবৰ ২০০০ সংখ্যাত প্ৰকাশিত।-- সম্পাদক)

উত্তৰ-পূৱ ভাৰতৰ হাজং জনগোষ্ঠী ঃ সামাজিক আৰু সাংস্কৃতিক বৈশিষ্ট্য

হাজংসকল সমাজপ্রিয় লোক। গাঁও পাতি বাস কৰে। অসমৰ উজনি-নামনি জুৰি থকাৰ লগতে অৰুণাচল সীমান্ত আৰু পশ্চিম গাৰোপাহাৰৰ দাঁতিয়ে দাঁতিয়ে হাজং গাঁও। ধুনীয়া গছ-গছনিৰে ভৰপূৰ গাঁও। জয়ৰামপুৰ, আমপতি, চেলাপাৰা, দুফৰিগাঁও, কাতুলী, বেটাচিং, কুলিগাঁও, ভৈৰাকপী, কৰেতল, গোফৰে, নুনমাটি, বাঘহানা, কোদালধোৱা, গিলোজুৰি, উৰুবাৰী, কেন্দেকণা, মাৰমুৰা, তাৰাপাৰা, আমতলি, শূলগুৰি, জিগজক, ফুলজাবি, দাহা, কাচেগাঁও, কুমলিগাঁও আদি নামেৰে সুশোভিত-গাঁওবোৰত চেনেহৰ বান্ধ।

হাজংসকলৰ ঘৰৰ স্থাপত্য অন্যান্য অসমীয়াৰ দৰেই। বৰঘৰ, চ'ৰাঘৰ, গোহালিঘৰ, ভঁৰালঘৰ আদি। এঘৰৰ পৰা আনঘৰলৈ চোতালে চোতালে যাব পাৰি। সকলোৰে মাজত বৰ মিলাপ্রীতি।

শ্রীলক্ষ্মীন্দৰ হাজংএ তেওঁৰ "হাজং বিবাহ-পদ্ধতি" নামৰ গ্রন্থখনত হাজংসকলৰ চিনাকি দিবলৈ গৈ কৈছে— "হাজংসকল যে প্রকৃত আৰু পুৰণিৰো পুৰাণ আওপুৰাণ গাৰোপাহাৰ তথা তাহানি অসম ৰাজ্যৰ একাংশ মেঘালয় ৰাজ্যৰো প্রকৃত অধিবাসী, তাক ডাঠকৈ ক'ব পাৰি। একালৰ বংগদেশ তথা পাকিস্তানৰ খণ্ডাংশ বংগদেশ হাজংসকল ইটে-সিটে বসবাস কৰি থকাৰ বাহিৰেও বর্তমান সমগ্র ভাৰতবর্ষৰ, বিশেষকৈ উত্তৰ-পূব ভাৰতৰ, চুকে-কোণে আৰু নানা ঠাইত সিঁচৰতি হৈ আছে।"

হাজংসকলৰ নিজৰ চিনাকি দিব পৰা কিছুমান বৈশিষ্ট্য আছে ঃ

(১) তেওঁলোকৰ নিজা গঢ়-গঠন আছে।

(২) ভাব প্রকাশৰ নিজা মাত-কথা, নিজা ভাষা আছে।

(৩) নিজা কলা-সংস্কৃতি, ৰীতি-নীতি, ব্যৱহাৰ আছে। নাচ-গান, গীত-বাদ্য আছে।

(৪) নিজা সাজ-পাৰ, বোৱা-কটা পদ্ধতি আছে।

(৫) সাহিত্য আছে, কিন্তু লিখিত ৰূপত নাই। লোকসাহিত্য, লোকনৃত্য, লোকনাট আদিৰ ভঁৱাল চহকী।

(৬) হাজং সকল হিন্দু সম্প্রদায়ৰ লোক। তেওঁলোকৰ নিত্য-নৈমিত্তিক জীৱনত পালন কৰি অহা পূজা-পার্বন, আচাৰ নীতি, খোৱা-বোৱা, বিবাহ আদি আছে।

হাজংসকল কৃষিজীৱী। কৃষি হ'ল জীৱন-নির্বাহৰ প্রধান ব্যৱসায়। ৰাজনীতি কৰা লোক বৰ কম। শিক্ষিত লোকৰ সংখ্যাও কম। চাকৰি কৰা লোকৰ সংখ্যাও কম। বর্তমান ছাম ডেকা-গাভৰুৰ মাজত চাকৰি প্রয়াসী মন আহিছে। দুই-চাৰিজন উচ্চপদস্থ চাকৰিয়াল আছে। মেঘালয় চৰকাৰৰ মন্ত্রীসভাত স্থান পোৱা লোক আছে। বেহা-বেপাৰ কৰা লোক কম। সৰু-সুৰা কাৰবাৰ কৰা লোক কিছু ওলাইছে। কিন্তু একেবাৰে মুষ্টিমেয়। হাজংসকলে ব'হাগৰ পৰা আহিনলৈকে মূৰৰ ঘাম ভৰিত পেলাই গৰু-ম'হেৰে মাটি চহ কৰি খেতি কৰে। গৰু, ম'হ, ছাগলী, হাঁহ-পাৰ আদি ঘৰত পোহে। আঘোণ-পুহ মাহ হাজংসকলৰ বাবে শস্যাদি পথাৰৰ পৰা আনি মৰণা মৰাৰ সময়।

হাজংসকলৰ মাজত কেইবাটাও ফৈদ আছে। শ্রীপৰেশ হাজঙৰ মতে তেওঁলোকৰ একৈশটা ফৈদ আছে। কিন্তু নামবোৰ পোৱা টান। কিছুমানৰ মতে ফৈদ সাতটা। বর্তমান কেৱল তিনিটা ফৈদৰহে নাম পোৱা গৈছে—চোন্দী, বেন্দগইয়া, বলিআটি।

বর্তমানৰ হাজংসকলৰ সমাজ পিতৃতান্ত্রিক। বহু পূর্বে মাতৃতান্ত্রিক আছিল বুলি বহুতে ভাবে। বংশলতা পিতৃৰ পৰা গণনা কৰা হয়। পিতৃ হ'ল পৰিয়ালৰ মুৰব্বী। পৰিয়ালৰ সকলো গুৰুত্বপূর্ণ বিষয়ত তেওঁৰ মত শেষ সিদ্ধান্ত। পিতৃৰ মৃত্যুৰ পিছত পুতেকসকলে সকলো সম্পত্তি উত্তৰাধিকাৰীসূত্রে লাভ কৰে। তেওঁলোকৰ প্রচলিত সমাজ ব্যৱস্থা অনুসৰি ছোৱালীয়ে সম্পত্তিৰ ভাগ নাপায়।

কোনো লোকৰ যদি কন্যা সন্তানহে আছে, পুত্ৰ সন্তান নাই, তেনে ক্ষেত্ৰত সেইজন মানুহৰ সম্পত্তি অতি নিকট সম্পৰ্কীয় পুৰুষ লোকে উত্তৰাধিকাৰসূত্ৰে লাভ কৰিব। অৱশ্যে বৰ্তমান এই নিয়ম শিথিল কৰা হৈছে আৰু পুত্ৰসন্তান নথকা লোকৰ মৃত্যুত কন্যাসন্তানে উত্তৰাধিকাৰসূত্ৰে সম্পত্তি লাভ কৰিব পৰা হৈছে।

কলা-সংস্কৃতিত হাজংসকল উন্নত। কৃষ্টিৰ পথাৰখনত বাৰে-বৰণীয়া লোকনৃত্য, লোকনাট্য, গীত-পদ আদি উপচি আছে। ৰং-বিৰঙৰ ধেমালি, উৎসৱ-পাৰ্বণ, খেলা-ধূলা হাজংসকলৰ মাজত আছে। তাৰ ভিতৰত বছৰটোৰ প্ৰধান উৎসৱ-পাৰ্বণবোৰ হ'ল— নৱবৰ্ষ-বিছুৱা, বাস্তুপূজা, সামূহিক কালীপূজা, অম্বুবাচী, কাতি-গাচ্ছা, আগ-নেয়া, কাতকা (কাৰ্তিক) পূজা, পোঞ্চা-পৌষ সংক্ৰান্তি, ফাণ্ডৱা উৎসৱ, চৈত্ৰ সংক্ৰান্তি, পদ্মা পূজা আদি। এই উৎসৱ-পাৰ্বণবোৰৰ মাজেৰে তেওঁলোকৰ সামাজিক, আধ্যাত্মিক জীৱনৰ চিন্তা-ভাৱনা প্ৰকাশ পায়।

হাজং ভাষাত কোৱা আছে— "এগৰা জাতি বা উপজাতি যুদি নিজিলা পৰিচয় কুনিয়ালো আগনি ডাঙিয়া ধুৰি চায়, তাহাকে পথমতেই আহে অই জাতি বা উপজাতিলো নিজস্য ভাষা, দ্বিতীয়তে আহে কলা-কৃষ্টি, অলা পৰে আহে সাজপাৰ বা অই জাতি বা উপজাতিলো নিজস্য পোছাক পৰিচ্ছদ। আমলা হাজং সমাজ বা ভাষা, কলা-কৃষ্টি ফালেদিয়া এত পাছ দৰা ইদা আমৰা যুদি আমলা পাছাপাছি জাতি-উপজাতি গিলা লগে বিজিয়া চায় চাহালে খোপ সহজেই উপলব্ধি কৰিবা পায়।" এনেকুৱা ভাৱধাৰা হাজং ডেকা-গাভৰুৰ মাজলৈ আহিছে। তেওঁলোকে নিজকে চিনাকি দিয়াৰ বাবে নানা ভাৱে কামত হাত দিছে। হাজংসকলৰ মাজত এটা নতুন জাগৰণ অহা দেখা গৈছে। তেওঁলোকে নিজকে চিনাকি দিব খুজিছে কামেৰে, শিল্প-সংস্কৃতি-ভাস্কৰ্য্যৰ মাজেৰে, গীত-নৃত্য, ভাষা-সাহিত্যৰ মাজেৰে। কিন্তু অৰ্থনীতি আৰু শিক্ষা এই দুটা যদি গুৰুত্ব সহকাৰে অৱলম্বন কৰা নহয়, তেন্তে সাহিত্য-সংস্কৃতিৰ ভৱিষ্যৎ সুৰক্ষিত হৈ ৰ'ব নে নাই, সেই প্ৰশ্ন থাকি যাব। সেয়েহে, হাজংসকলে যদি নিজৰ মাজত কৰ্ম-সংস্কৃতি গঢ়ি তোলে, ল'ৰা-ছোৱালীক

বিভিন্ন শিক্ষাৰে শিক্ষিত কৰাৰ নতুন আঁচনি লয়, অঞ্চলটোত থকা প্ৰাকৃতিক সম্পদবোৰ ব্যৱহাৰৰ ক্ষেত্ৰত নতুন অৰ্থনৈতিক আঁচনি লয়, বহিৰাগতৰ হেঁচাত যদি নত নহয়, তেন্তে আমি ভাবো যে হাজংসকলে নিজৰ জাতীয়তাবোধৰ চিনাকি দিয়াৰ বাবে যি গীত সভা-সমিতিত প্ৰথমতে গায়, তাৰ সাৰ্থক পৰিচয় ঘটিব। হাজং ডেকা-গাভৰুৱে গায়—

“ও জাতলা দেও

তগে কৰে আমলা হেঙা

আমলা জাতলা

এই মিলনদা ন জগ ভাঙিয়া।

জাতলা জীৱন

জাতলা মৰণ

যিদা মাথাত ৰাখিছে

কাৰণি নিয়া মাথানি ৰাখিয়া

কৰে তগে হেঙা।।

ও জাতলা দেও তগে কৰে আমলা হেঙা।

জাতলা ভালা

জাতলা মন্দ

বেলা নেখে জলুক

এই ভালা পোৰাই

ভালা হাৰা

চানলা জোহা ঢালুক।

ভাইলা মায়া ভাইলা মমতা

না যাগ ভাঙিয়া।

ও জাতলা দেও ....।”

(হে জাতিৰ দেৱতা, আমি তোমাক কৰো সেৱা।

আমাৰ জাতিৰ এই মিলন নাযাওক ভাঙি।।

জাতিৰ জীৱন জাতিৰ মৰণ যিদৰে মূৰত ৰাখিছো।

কান্ধত নি মাথাত ৰাখি তোমাক কৰো সেৱা।
জাতি ভাল জাতি বেয়া-
    সূৰ্য্য-কিৰণৰ দৰে জ্বলক।
এই ভালপোৱা সন্তান আমাৰ
    জোনৰ কিৰণৰ দৰে কিৰণ ঢালক
ককাই-ভাইটিৰ মৰম ভণ্টিৰ মৰম
    নাযায় যেন ভাঙি
    এই বন্ধন নাযাওক ভাঙি।)

বিছুৰা উৎসৱ ঃ

বিছুৰা হাজং সমাজৰ এটা উৎসৱ। এই উৎসৱ বছৰৰ শেষ দিনটোত পালন কৰা হয়। বিছুৰা উৎসৱত পুৰণি বছৰক বিদায় দি নতুন বছৰক আদৰণি জনোৱা হয়। নতুন বছৰক আদৰণি জনোৱা, মনৰ ভাব প্ৰকাশ কৰা নতুন বছৰৰ বিহু (বিছুৰা) সম্পৰ্কীয় হাজং গীত এটি ইয়াত তুলি দিলো। গীতটোৰ কথা, সুৰ আৰু কণ্ঠ জে পি হাজংৰ। তেওঁৰ সহায়ক বন্ধু-বান্ধৱীসকল হ'ল— কণিকা বৰ্মন, বিকাশ ৰঞ্জন হাজং ৰায়, ধনঞ্জয় বানায় আৰু মিহিৰ হাজং।

"বিছুৰালৌ ভিয়ঁনদা আউৰাল বাতাষা
কাণে কাণে কলে মগে
তলা কথাৱা
ময় থাকিবলৈ ময় থাকিবলৈ
নিচুপকে নিচুপকে।
আছে মননি তলা হাঁহিৰী
আউৰাল কিয়া যাগা দিছে মননি যিদা
সাচাই কিণ্ডকাবা লাগে মগে
মননি পৰে যিসুমই তলা কথা
বিছুৰা আহিল মনদা নাছিল
আউৰাল কিয় সাজাবো বিছুৰাৰী

মনলা যত কথা থাকিল মননি
তলা যি কুনু খবৰেই নাই
বিছুৱা আহিল মনদা নাছিল
আউৱাল সাহেননি কুহলিলা।।"

বাস্তু পূজা হাজংসকলৰ সমূহীয়া উৎসৱ। গোটেই গাঁওখনৰ মঙ্গলৰ বাবে এই পূজা পতা হয়। বহাগৰ বিহুত তেওঁলোকে আনন্দ কৰে— নতুন বছৰক আদৰণি জনায়। আহিনৰ শেষৰ দিনত কাতি বিহু। কাতি গাছ্ছা তুলসী গুৰিত, ভঁৱালৰ সন্মুখত, গোহালিত, পথাৰত চাকি-বন্তি জ্বলায়, আকাশবন্তি দিয়ে। কাতি বিহুৰ পিছত আগ অনা উৎসৱ। তেতিয়া ধান পকে। গৃহস্থৰ মূল তিৰোতাগৰাকীয়ে লঘোণে থাকি ৰাতিপুৱা ভঁৱালঘৰৰ আগ মুচি-কাচি থৈ গা-ধুই উঠি ভঁৱালৰ সন্মুখত বন্তি জ্বলাই লৈ পথাৰলৈ গৈ পকাধানৰ এগোছ আগ কাটি কলপাতৰ ওপৰত থৈ তাক মাথাৰ ওপৰত লৈ ঘৰলৈ আহি ভঁৱালঘৰৰ চাকি জ্বলাই থোৱা ঠাইৰ আগত কলপাতত থয় আৰু লখিমী আগমণৰ গীত-পদ গায়। তাৰ পিছত ধান কটা নিয়ম আছে। আজিকালি অসমত সাঙুৰি প্ৰথা উঠি যোৱাৰ দৰে হ'ল। গৃহস্থই দৰমহা খোৱা মানুহৰ দ্বাৰা ধান কটায়। চেলাপাৰা-দুফৰিগাঁৱৰফালে কিন্তু এতিয়াও সাঙুৰি প্ৰথা আছে। সাঙুৰি মানে হ'ল এটা চুবুৰীৰ সকলো ডেকাল'ৰাক একেলগ কৰি ধানকটা কাম কৰা, যাৰ বাবে এটা খানা দিয়া হয়। ধান কাটি উঠাৰ পিছত ন-খোৱা উৎসৱ। হাজংসকলে নয়া খুওৱা বা নৱান্ন উৎসৱ বোলে। ন-ভাত হাজংসকলে প্ৰায় সমূহীয়াভাৱে খায়। গাঁওখনৰ সকলোৱে মিলিজুলি খায়। পুৰোহিত-দেউৰীৰ ঘৰত খোৱাবস্তু সকলো জমা কৰি সকলোৱে একেলগে খায়।

গীত-নাচ, ৰং-ধেমালিত হাজংসকল চহকী। তেওঁলোকৰ মাজত আছে বহুত ৰকমৰ সাধুকথা, কাহিনী, গীত-পদ, বাৰমাহী গীত, ৰসিক গীত, ৰুৱা লাগা গীত, কাচা হাজং গীত আৰু আছে কীৰ্তনীয়া গীত, গীতালুৰ গীত-নৃত্য, হাজং নৃত্য, লাৰাকটা নৃত্য, চৰখেলা নৃত্য, জাখামাৰ লখিমী নৃত্য আৰু

আছে বিয়াগীত, বিহুগীত, ফাগুৱা গীত। গীতালু দলে বিয়াগীত গায়। সাধাৰণতে হৰ-পাৰ্বতীৰ আৰু বেহুলা-লখিন্দাৰৰ বিয়াৰ নিয়ম-নীতি আৰু তাৰ কাহিনী বৰ্ণনাত্মক গীত গোৱা হয়। হাজং গীতানুসকলে পদ্ম-পুৰাণৰ বেহুলা-লখিন্দাৰৰ বিয়াৰ গীত ভাগ গায়। বেহুলা-লখিন্দাৰৰ বিয়োগাত্মক মৰ্মবিদাৰক কাহিনীযুক্ত গীত মাৰাই (মৰৈ) পূজাত মুখ্যভাৱে প্ৰচলিত। কীৰ্তনীয়া দলে কৃষ্ণ ভগৱানৰ মহিমামণ্ডিত কীৰ্তন গায়। কীৰ্তনীয়া দল বৈষ্ণৱসকলৰ দ্বাৰা গঠিত। হাজংসকলৰ মাজত খোল, মৃদঙ্গ, ঢোল, খঞ্জৰী, তাল আদি বাদ্য প্ৰচলন আছে। দোতাঁৰাও আছে। ভাওনা-যাত্ৰাৰ অভিনয় প্ৰথাও আছে। ভাৱৰীয়াৰ মুখা, মুকুট, পোছাক আদি তৈয়াৰ কৰা লোকো আছে। চেলাপাৰৰ শ্ৰীমহেন্দ্ৰ নাথ হাজং এজন বিখ্যাত শিল্পী আৰু কাৰিকৰ।

হাজং বিবাহ পদ্ধতি ঃ

হাজংসকলৰ বিবাহ পদ্ধতি অতি প্ৰাচীন। ই বৰ জটিল প্ৰক্ৰিয়া। শ্ৰীলক্ষ্মীন্দৰ হাজঙৰ মতে— "হাজঙৰ বিয়াত অকল দেৱ-দেৱতাৰ নীতি-নিয়মকেই ক'ব নালাগে বা চান্দ সদাগৰৰ পুতেক-বোৱাৰী বেহুলা-লক্ষ্মীন্দৰৰো নহয়— মহাদেৱ-পাৰ্বতীক ধৰি ভগৱান শ্ৰীকৃষ্ণ ঠাকুৰৰো বিয়াৰ নীতিমূলক পদ্ধতি লুকাই থকা দেখা যায়।"

হাজংসকলৰ বিয়াৰ ক্ষেত্ৰত কিছুমান বাধা-বাধ্যকতা বা নিষিদ্ধ বান্ধি দিয়া আছে—

(১) পাৰস্পৰিক বেলেগ সম্প্ৰদায়ৰ নাৰী-পুৰুষৰ মাজতহে বিয়া হ'ব পাৰে।

(২) একে গোত্ৰৰ ল'ৰা-ছোৱালীৰ মাজত বিয়া হ'ব নোৱাৰে।

(৩) হাজংসকলৰ মাজত অসবৰ্ণ বিবাহ সম্পূৰ্ণভাৱে নিষিদ্ধ।

হাজংসকলৰ মাজত তিনি প্ৰকাৰৰ বিয়া আছে ঃ

১) শুভ বিবাহ বা প্ৰথম বিয়া।

২) সাঙা বিয়া (বৰলা বা বাঁৰীৰ মাজত হোৱা বিয়া বা বিধৱা বিবাহ)।

৩) দায় পৰা বিয়া, অৰ্থাৎ ডেকা-গাভৰু তথা মতা-মাইকীৰ মাজত

ইজনে-সিজনক ভাল পাই কৰা বিয়া।

৪) পুনঃ বিয়া।

তাৰোপৰি, প্ৰকাৰভেদে বংশানুক্ৰমিক ধাৰা অনুসৰি আকৌ দুই ধৰণেৰে বিবাহ কাৰ্য সম্পন্ন কৰা দেখা যায় -- (ক) পাট বিয়া আৰু (খ) তলা বিয়া। হাজং সমাজৰ বিয়াৰ পৰ্ব পাঁচ দিনত শেষ কৰে-- অধিবাস, ভৰ বিয়া, বাহী বিয়া, কামলা-কামলী খোৱা, নয় চালা ভাঙা খোৱা।

বিয়াৰ সময়ত আৱশ্যক হয়-- (১) নান্দনশালী (ৰান্ধনীশাল-- অস্থায়ীভাৱে সজোৱা), (২) দাৰালী বালা (বৰ বা কইনাৰ যাত্ৰী থকা ঘৰ), (৩) মণ্ডলী ঘৰ (ৰভাঘৰ) আগচোতালত। মণ্ডলী ঘৰক বিয়া উৎসৱৰ অতি পৱিত্ৰ স্থান বুলি কোৱা হয়। ইয়াক বৃন্দাবন আখ্যা দিয়ে। মণ্ডলী ঘৰৰ ভিতৰত এফলীয়াকে উত্তৰ-পূৱমুৱাকৈ বাঁহ-খেৰৰ সৰুকৈ অস্থায়ীভাৱে গোসাঁইৰ ঘৰ (হৰি মন্দিৰ) তৈয়াৰ কৰা হয় আৰু তুলসী পুলি এটা তাত ৰুই দিয়ে। তাত হাজং কীৰ্তনীয়াসকলে বহি গীত গায়। এই মণ্ডলীত হাজংসকলৰ অধিকাৰজন মুখ্য পুৰোহিত।

হাজংসকলৰ বিয়াত কেবা প্ৰকাৰৰ লোকৰ আৱশ্যক ঃ- (১) ধনী মাও- ধনী বাপ (ধৰ্ম মাতা-পিতা)। ধৰ্ম পিতা-মাতৰ প্ৰয়োজনীয়তা অতি বেছি। বিয়াত ধৰ্ম মাতা-পিতা হ'ল দৰা-কইনাৰ বিয়া সম্পাদনৰ প্ৰকৃত সাক্ষী বা গুৰু-গোসাঁইস্বৰূপ। (২) মিত্ৰ বা মিতা এজন লাগে। বিয়া শুদ্ধিৰ কাৰণে মিতা হ'ল উত্তম গংগাজন স্বৰূপ। (৩) বিয়াত ন জনী আয়তীৰ আৱশ্যক। আয়তীসকল স্বামী থকা বা ভাল পৰিয়ালৰ হ'ব লাগে। (৪) ভঁৱালী এজন। (৫) ৰান্ধনী। (৬) অধিকাৰ ঃ হাজংসকলৰ ধৰ্মযাজক বা পুৰোহিত। তেওঁক পৌৰোহিত্য কৰিবলৈ নিমন্ত্ৰণ কৰা হয়। অধিকাৰ হ'ল হাজংসকলৰ কুলগুৰু। তেওঁ গংগাজল আনে। (৭) স্মৌৰকৰ্মৰ বাবে নাপিত। (৮) গীতালু দল। হাজং বিয়াত গীতালু দলে বিয়ানাম গায়। (৯) কীৰ্তনীয়া দল। (১০) গএৱ ৰাইজ, আত্মীয়-কুটুম্ব, বন্ধু-বান্ধৱ।

হাজংসকলৰ মাজত প্ৰচলিত কেইটামান নৃত্য-গীতৰ কথা ইয়াত চমুকৈ

দাঙি ধৰিব খোজা হৈছে।

১) গীতাল/গীতালু ঃ

গীতালু গীত গোৱা শিল্পীৰ দল। অসমৰ ওজাপালিৰ লগত ইয়াৰ বহুখিনি সাদৃশ্য আছে। 'গীতালু'সকলৰ গীত-পদৰ মাজত লোক-নাট্যৰ সমল দেখিবলৈ পোৱা যায়। সুকনানি ওজাপালিয়ে বেহুলা-লখিন্দাৰৰ কাহিনী গীত গায়। গীতালৰো প্ৰিয় কাহিনী গীত বেহুলা-লখিন্দাৰৰ। ওজাপালিৰ দৰে গীতালু দলৰ থাকে এজন ঘাই গীতাল-মাৰ গীতাল। হাজং ভাষাত বোলা হয় মাৰেৱা। তেওঁ গীতালু দলৰ মুখ্যশিল্পী, গুৰি ধৰোতা, অসমৰ ওজাপালিৰ ওজাৰ দৰে। মাৰ গীতালৰ দুই হাতত চোৰৰ থাকে-বাওঁহাতত ডাঙৰ চোঁৱৰ, সোঁ-হাতত সৰু। অসমৰ ওজাজনেও কান্ধৰ চাদৰখনৰ দুই মূৰৰ আগত ধৰি গীত-পদ দিয়ে গীতালৰ চোঁৱৰৰ অনুৰূপ ভঙ্গিমা। গীতালু দলত দুজন খোলবাদক থাকে। তিনিজন পালি, গাত থাকে চাদৰ, ভৰিত নূপুৰ। অসমৰ ওজাপালিৰ ওজাৰ গাত এখন চাদৰ থাকে। ওজাই প্ৰায়েই আগমূৰ দুটা ধৰি পদবোৰ দিয়ে। চাদৰৰ আগদুটাই চোঁৱৰৰ কাম কৰে। গীতালুসকলে বিয়াত বেহুলা-লখিন্দাৰৰ প্ৰথম খণ্ডহে গায়, কইনা চোৱাৰ পৰা বিয়া কৰাই উঠি মেৰঘৰত সোমোৱালৈকে। তাতেই শেষ। হাজংসকলে কোনোবা কালত হাজো অঞ্চলৰ চান্দ সদাগৰৰ দেশৰ বুলি গৰ্ব কৰে। তেওঁলোকৰ বেহুলা-লখিন্দাৰৰ গীত বৰ প্ৰিয়। বিয়া-বাৰু, পূজা আৰু সামাজিক আন সকলো ক্ষেত্ৰতেই গীতালুসকলৰ অৱদান বহুত।

হাজং বিয়াত গীতালুসকলে প্ৰধান স্থান অধিকাৰ কৰে। বিয়াত লগা বস্ত্ৰ-বাহানিৰ ভিতৰত গীতালু, কীৰ্ত্তনীয়া দলৰ সকলোৰে দান-দক্ষিণা দিয়াৰ বাবে বস্ত্ৰাদিৰ ব্যৱস্থা কৰা হয়। বিয়াৰ পূৰ্বে বিয়া নাম গোৱা হাজং পুৰুষৰ গীতান‍্দলক পাণ-তামোলেৰে আমন্ত্ৰণ জনাই বিয়া-গীত গাবলৈ অনা হয়। গীতালু দলে গৃহস্থৰ ঘৰৰ পৰা চাউল-দালি সিধা পাতি লৈ নিজে ৰান্ধি খায়। গীতালুসকলে শুচিতা ৰক্ষা কৰি চলে। বিয়াৰ বিভিন্ন পৰ্যায়ৰ কামত গীতালু দলৰ কৰিবলগীয়া কাম থাকে। বিয়াৰ পানী তোলাৰ সময়ত যেতিয়া

আইসকলে চৰক পানী অৰ্থাৎ দৰা-কইনাক গা ধুৱাবৰ বাবে নিজৰা বা নদীৰ পৰা ৭ টা কলহত পানী তুলি আনিবৰ সময় হয়, তেতিয়া গীতালু দলে প্ৰাণভৰি গীত গায়। এই গীতবোৰ সংগ্ৰহ কৰিব পৰা নাই। পানী তুলিবলৈ যোৱাৰ সময়ত বাটে বাটে গীতালু সকলে এপদ, পানী তুলোতে এপদ, এনে কি আহোতেও এপদকৈ তিনিপদমান গীতালু গীত গায়। ভৱ বিয়াৰ দিনা ছয় মণ্ডপৰ কাম কৰাৰ সময়ত, চাৰিটা কলপুলি পোতাৰ সময়ত গীতালুসকলে গীতৰ লগে লগে খোল-জুৰিৰ শব্দ কৰে, আয়তীসকলে উৰুলিধ্বনি দিয়ে আৰু চাৰিটা মানুহে গাত চাৰিটা খান্দে। "তাল আৰু সুৰৰ ছেৰে ছেৰে লহৰে লহৰে তথা তালে তালে" চাৰিকোণৰ চাৰিটা গাত খন্দা হৈ যায়। ইয়াৰ উপৰিও বিয়াৰ আন ক্ষেত্ৰতো গীত পদ গায়।

২) কীৰ্তনীয়া নৃত্য বা কীৰ্তন ঃ

ভক্তি আন্দোলনৰ প্ৰভাৱ হাজংসকলৰ ওপৰতো পৰিছিল। তেওঁলোকৰ এটা ভাগে চৈতন্য-পন্থ গ্ৰহণ কৰি বৈষ্ণৱৰ আচাৰ পালন কৰি চলি আছে। তেওঁলোকৰ সমাজত অধিকাৰ আছে। বিয়া আৰু বৈষ্ণৱী উৎসৱত অধিকাৰে আগত আসন পায়। বৈষ্ণৱ ধৰ্মৰ প্ৰভাৱত হাজং সকলৰ এভাগে কীৰ্তন গাই ফুৰে। কৃষ্ণ কীৰ্তন কৰে। বৈষ্ণৱ যুগৰ প্ৰভাৱৰ ফলত এই কীৰ্তন বা কীৰ্তনীয়া গীত-নৃত্যৰ সৃষ্টি হৈছে। অসমৰ শঙ্কৰ-মাধৱৰ নামধৰ্মৰ প্ৰভাৱ গাৰোপাহাৰৰ হাজং আৰু কোচসকলৰ ওপৰত নপৰিল। সত্ৰবোৰে পিছৰ যুগত সামন্তবাদীয় অভিজাত্যৰ চকৰিত পাক লৈ নামধৰ্ম প্ৰচাৰত মন নিদিয়া হ'ল। অসমৰ পৰ্বত-পাহাৰৰ ভাই-ভনীসকলৰ কথা শঙ্কৰদেৱৰ দিনতেই উচ্চাৰণ হ'ল আৰু গ'ল। "গাৰো, ভোট, যৱনে হৰিৰ নাম লয়" "ৰাম বুলি তৰে মিৰি অহম কচাৰী" এইবোৰ পদৰ অৰ্থ নাইকীয়া হ'ল। আমাৰ পণ্ডিতসকলে, ধৰ্মগুৰুসকলে ধৰ্মৰ তাত্ত্বিক দিশতেই পণ্ডিতালি কৰি ভেম মাৰি থাকিল, ধৰ্মৰ ব্যৱহাৰিক দিশৰ প্ৰতি কাণ নিদিয়া হ'ল, মন নকৰা হ'ল। কীৰ্তন নৃত্য হাজংসকলৰ বৈষ্ণৱ ভাগৰ মাজততহে চলে। হাজংসকলৰ মাজত অধিকাৰ আৰু বৈষ্ণৱ, ক্ষত্ৰিয়, বৈশ্য আৰু শূদ্ৰ জাতিৰ লোক আছে। বৈষ্ণৱপন্থীৰ

লোকে নাম-কীৰ্ত্তন, কৃষ্ণ ভক্তি ধৰ্ম পালন কৰে। অৱশ্যে, তেওঁলোকে হাজংৰ আন দেৱ-দেৱীৰ পূজাত যোগদান কৰে যদিও পূজাৰ বস্তু গ্ৰহণ নকৰে, বলিবিধান নামানে। ক্ষত্ৰিয়সকলে বৰ্মন উপাধি লৈ ক্ষত্ৰিয় বুলি পৰিচয় ল'ব খুজিছে। বৈশ্য আৰু শূদ্ৰ জাতিৰ লোকো আছে। কিন্তু এই জাতিভাগ কঢ়া নহয়। এতিয়া সকলো ভাগৰ হাজং লোকে নিজৰ উপাধিত 'হাজং' শব্দ যোগ দিছে। যেনে-- ৰয় হাজং, বৰ্মন হাজং ইত্যাদি।

কীৰ্ত্তন নৃত্য কৰাৰ নিয়ম আছে। প্ৰথমে আগত দুগছি বন্তি জ্বলোৱা হয়। তাৰ ঠিক পাছতেই এখন থালত থাকে প্ৰসাদ। তাক কলপাতেৰে ঢাকি ৰাখি সেই কলপাতৰ ওপৰত আৰু এগছি বন্তি জ্বলাই দিয়া হয়। এই বেদী প্ৰস্তুত হোৱাৰ পিছত কীৰ্ত্তনীয়া দলে তাল-খোল, হাত-চাপৰিৰে উচ্চস্বৰে কীৰ্ত্তন গায়। কাষত থাকে চাৰিজনী ছোৱালী, হাতে হাতে আখৈৰ থাল। "হৰিবোল হৰিবোল" বুলি উচ্চস্বৰে হৰিধ্বনি দিয়াৰ সময়ত ছোৱালীবোৰে উৰুলি ধ্বনি দিয়ে। তাৰ পাছত 'ছোৱালীগিলাই' কীৰ্ত্তনীয়া দলৰ চাৰিওপিনে নৃত্য-ভঙ্গিমাত ঘূৰি আখৈ ছটিয়াই যায়। কীৰ্ত্তনৰ অন্তত "জয় শ্ৰীচৈতন্য নিত্যানন্দ" বুলি হৰিধ্বনি দিয়ে। কীৰ্ত্তনীয়াক মিলন নৃত্যও আখ্যা দিয়া হয়। কীৰ্ত্তনীয়া দলে গোৱা গীত এটাৰ কেইফাঁকিমান তুলি দিলো— শ্ৰাদ্ধত কীৰ্ত্তনীয়া দলে গোৱা গীত ঃ

"ৰাম না ভজিলাম কি লাগিয়াৰে মুনাই ভাই

গুৰু না ভজিলাম কি লাগিয়া

ভজিব ভজিব বলে বৰ আছিল আশা

ভজিতে নাদিল মৰ দাৰুণ বিদ্যা তাৰাৰে।

পদ পাতৰ জল যেন কৰে তলমল।

এই মতে মনুষ্য দেহা মুনাই ভাই

গুৰু না ভজিলাম কি লাগিয়া।"

৩) ৰচিক/ৰসিক নৃত্য ঃ

এইটো এটা ৰসাস্বাদান কৰিয়াই অনা নৃত্য। ছোৱালীবোৰে এই নৃত্য

কৰে। এই নৃত্য পৰিচালনাত থাকে শিল্পী-মনৰ, বাদ্যযন্ত্ৰ জনা ব্যক্তি আৰু কেইজনীমান ছোৱালী। খোল-তালৰ আৰু গীতৰ ছেৰে ছেৰে হাঁহি হাঁহি নৃত্য কৰে। নাচটো বৰ আমোদ দিব পৰা বিধৰ। ৰসিক নৃত্যৰ লগৰ এটা ৰুচিগান হ'ল-

"চোটোকালে ফুলৰ মুখ,

যুৱাকালে চানেৰ মুখ।

শেষকালে বান্দৰ মুখ,

এমন সোণাৰ দেহা মাটিতে মিছয়।

দেহা হৈছে নৱ ভৱ,

হাদ্দি হৈছে বগলীৰ পাংখাৰে।

এমন সোণাৰ দেহা মাটিতে মিছয়।।

সোণাৰ দেহা মাটি খাবো

কুমাৰ ঘৰে পৰিয়া ৰবো,

ভাঙিলে নালাগিবে জোৰা,

ভাইৰে ভাইৰে

এমন সোণাৰ দেহা মাটিতে মিছয়।।"

৪) হাজং নৃত্য ঃ

ডেকা-গাভৰু, চেংৰা-চেংৰীয়ে এই নাচত ভাগ লয়। এই নৃত্যৰ জৰিয়তে হাজং সকলৰ জন-জীৱনৰ ছবি, সমাজৰ ৰীতি-নীতি, ধৰ্ম-কৰ্ম আদি ফুটাই তোলা হয়। "আমি হাজং জাতি" বুলি গোৱা গীতৰ তালে তালে, খোল-তালৰ ছেঁৰে ছেৰেঁ নৃত্য-ভঙ্গিমাত জাতিটোৰ স্বকীয়তা প্ৰকাশ কৰে।

৫) চুৱাৰ খেলা বা ভুই মাগা ঃ

হাজং সকলে কাতি মাহৰ পৰাই দৰা বা কইনা খোজাত উঠি পৰি লাগে। কাৰণ নতুন ধান কাটি চপাই আনি যেতিয়া আজৰি সময় পায়, ঘৰলৈ লখিমীও আহে, শাক-পাচলি পৰ্য্যাপ্ত পৰিমাণে পোৱা যায়। বতৰো অনুকূল।

তেনে আঘোণ-পুহ-মাঘ মাহত বিয়াবোৰ পাতে।

দৰা-কইনা খোজাৰ এটা প্রচলিত মজাৰ উৎসৱ হ'ল চুয়াৰখেলা বা ভুই-মাগা। এই খেলাৰ জৰিয়তে হাজং ডেকাই কইনাৰ ঘৰ বাছি লয়।

পশ্চিম গাৰোপাহাৰৰ হাজং গাঁওবোৰত কাতি মাহৰ দোমাহী অর্থাৎ কাতি গচ্ছা দিনৰে পৰা আৰম্ভ কৰি দীপান্বিতাৰ শেষৰ দুই-চাৰি দিনলৈকে চেংৰা আৰু তাৰ আদি গীত গাই ভুঁই মাগি ফুৰে। ইয়াকে হাজংসকলে চুৰাৰখেলা বা চুৰাৰ মাগা বুলিও কয়। চুৰাৰখেলা বা চৰখেলা সম্পৰ্কীয় গীত এটা বোন্দানিৰাসী শ্ৰীদ্বিজেন্দ্ৰ নাথ হাজংৰ পুথিৰ পৰা উদ্ধৃতি দিলো-

“নিৰপানী পৰিলে

চৰখেলা আহিলে

আয় আমি চৰখেলা যাং।

পাঠিন নেখা সাজ নাই

চৰখেলাধক পৰ্ব নাই

আয় আমি চৰখেলা যাং।

তলা মলা ঘৰনি

হবালা দেহানি

আয় আমি নয়া জুৰ দেং।

তলা মলা মননি

চৰখেলা গাহেননি

আয় আমি নয়া সুৰ দেং।

পুৰোনী ওৰোনী

আমলা ভাওলা সমাজনি

আয় আমি নয়া ৰং দেং।।

কোতকো গাহেন চৰখেলা

কৃষ্টি আমলা হাজংলা

আয় আমি নয়া ৰূপ দেং।”

৬) হাজং জাখামাৰ-লখিমী নৃত্য ঃ

তেওঁলোকে জাখামাৰ নৃত্য বোলে। নৃত্যটো হাজং সকলৰ মাজত বৰ জনপ্ৰিয়। গীত আৰু নৃত্যটোৰ মাজেৰে তেওঁলোকৰ কৃষি জীৱনৰ এটা প্ৰকৃত পৰিচয় পোৱা যায়। নৃত্যটোৰ ভাগে ভাগে থকা কথাবোৰ জুকিয়াই লৈ ইয়াক লখিমী নৃত্য নাম দিব পাৰি। মঞ্চত এই নৃত্যত প্ৰথমে গৰুহাল লৈ খেতিয়কে হালবোৱা, মাটি চহোৱা দৃশ্য দেখুওৱা হয়। হুবহু দুটা বলধ গৰু – কান্ধত যুঁৱলি হাল টানিছে। চেলাপাৰাৰ শ্ৰীমহেন্দ্ৰ নাথ হাজং শিল্পীয়ে নিজে বলধ গৰুৰ মুখা তৈয়াৰ কৰে। কাপোৰৰ তলত দুজন ডেকা ল'ৰাক ৰাখি বলধ গৰুৰ মুখা পিন্ধাই, শিং, নেজ লগাই প্ৰকৃত গৰু এহাল দেখুওৱা হয়। তাৰ পিছত দেখুওৱা হয় ডেকা খেতিয়ক সকলক। কান্ধত কোদাল লৈ আহি নৃত্যৰ ভঙ্গিমাৰে মাটি বোকা কৰে আৰু কঠিয়া ৰোৱাৰ উপযোগী কৰি তোলে। ইয়াৰ অলপ পিছতেই 'বইনী ৰুৱেনীগিলা' আহে, হাতত জাকৈ-খালৈ লৈ, নৃত্য ভঙ্গিমাত। ডেকাবোৰে কঠিয়া তুলি দিয়ে, ৰুৱেনীগিলাই হাতৰ পৰা জাকৈ থৈ ৰুই যায়। ৰুৱা শেষ হয়।

ৰুৱা-পোতা শেষ কৰি সিহঁতে আটায়ে মিলি এইবাৰ কাদং খেলাত লাগে। শৰীৰ বোকা-পানীৰে লুতুৰি-পুতুৰি হয়। সকলোৰে মাজত আনন্দৰ লহৰ। শেষত ছোৱালীবোৰে জাকৈ লয়, পানীত পাতে, ডেকা খেতিয়কসকলে পানীৰ মাছ জাকৈৰ মুখলৈ খেদি দিয়ে, জাখাত মাছ সোমায়, খালৈ মাছেৰে ভৰি পৰে।

এই সকলো কাম নৃত্যৰ মাজেৰে প্ৰকাশ কৰা হয়। গীতৰ মাজত নৃত্যৰ সুৰাসিত লহৰ। নাচৰ মাজেৰে বাজি উঠে মাটি-শ্ৰম-শইচৰ সংযোজনাত ন-লখিমী আদৰণি-আৰাহনী সুৰ, নৃত্যৰ ছন্দময়ী লহৰ আৰু ভোগৰ আনন্দ। এই নৃত্যৰ গীতটো অতি সুমধুৰ। গীতৰ শব্দ-গাঠনিলৈ মন কৰক। পাব হাজংৰ প্ৰকৃত পৰিচয়।

জাখা মাৰা নৃত্যৰ গীত ঃ

"ধল পোহৰণি, কাম দিন নি

ঘুমায় কত ক্ষণ
কৃষ্ণ নাম নিয়ো উঠি
আ... আ... আ... আ...।
ৰাতিপুৰালে, বেলি উঠিলে
চলা ভাই বায় যাং।
হাল গৰু মেলাৰ
ভুটা টাংকু, দাবা ৰা নেৰ।
ভাদ মাসলা শেষ হল তাৰাতাৰি বুৰৰ।
দিন দো যালে দিন নাপাবো
পাছে না পন্তাৰ
হাল ধৰ হাল ধৰ হাল ধৰ ৰে...।
হাল বুৰা শেষ হলে
হাৰিয়া দিবো জ্বালা
আইয়ো বুইনীগিলা ৰুৰা লাগাং এলা
নয়া বোৰা লাগেয়া ধান পাবো মেলা।।
পাকা পাকা ধান দিয়া ভুৰ্কে চাং আমলা।।
বোৰা লাগা শেষ হলে ডুবিয়া যায় বেলা।
আইয়ো বুইনীগিলা কাদং খেলাং আমলা।।
ভেৰ ভুইলা হিজা কাদং লাগে পিচলা পিচলা।
তক মক দি কাদং নিয়ম উদা আমলা।।
কাদং খেলা শেষ হলে ডুবিয়া যায় বেলা।
আইয়ো বুইনীগিলা জাখা মাৰং এলা।।
ভাদৰ মাসলা নয়া মাছ তামতে মজা।
তাপা, পুথি, যিদাই খায় ভাল লাগে উদা।।
বেলা ডুবিলে, তাৰ কাম থাকিলে।
চলা ঘৰ বাই যাং
বাচিয়া থাকিলে কাললকো আহিবো

উদায় বৰ চায়। আ... আ... আ... ।"

(শ্রীমহেন্দ্র নাথ হাজংৰদ্বাৰা সংগ্রহ)

ইয়াৰ উপৰিও নৃত্য সম্পৰ্কীয় কথা আৰু বহুত আছে। নৃত্যত বাহিৰেও হাজংসকলৰ কলা-সংস্কৃতি, লোক-কলা, লোক-সাহিত্য, লোকগীতি সম্পৰ্কীয় আৰু বহুত কথা আছে। হাজংসকলৰ ঘৰত থাকে টেকী, তাঁতশাল, ভঁৱাল-চাং, তুলসী গছ, গোহালি,— এইবোৰে ঘৰখন শুৱনি কৰি ৰাখে। তেওঁলোকে তামোল বেছিকৈ খায়। প্ৰতি ঘৰতেই আলহী গ'লে প্ৰথমতে বঁটাখন আগবঢ়োৱা হয়। আইসকলৰ ওঁঠ ৰঙা। মুখৰ হাঁহি, মুখৰ দীপ্তি বখানিবলগীয়া। তাঁতশালত বহি যেতিয়া মাকোঁ মাৰি থাকে, তেতিয়া সাইলাখ পৰীজনী যেন লাগে। আলহীক সোধপোছ কৰাতো পটু। মিঠা মিঠা মাত। তেওঁলোকে পাঠিন পিন্ধে। কামৰূপ-গোৱালপাৰাৰ পাট্নি শব্দৰ নতুন ৰূপ। ভৈয়ামত থাকোতে মেখল-পাট্নি গাত লোৱা চাদৰ পৰিধান কৰিছিল। সামান্য পৰিৱৰ্তন। গাভৰু-ছোৱালীয়ে ৰঙীন পাঠিন পিন্ধে। পাহাৰৰ সবুজ ৰঙা-নীলা প্ৰকৃতিৰ মনোলোভা চিত্ৰ ৰঙীন পাঠিনৰ মাজেৰে জিলিকি পৰে। গাভৰুৰ গাত অতি সাধাৰণ পোছাক, কিন্তু তাতেই জিলিকি পৰে বিচিত্ৰ ৰূপ মাধুৰী। হাজং তিৰোতা আৰু ছোৱালীবোৰ সুগঢ়ী, স্বাস্থ্যৱতী, ধুনীয়া। বৰ ওখ-পাখ নহয় যদিও চাপৰো নহয়। তিৰোতা-গাভৰু আটাইৰে বৈ পৰা চুলিটাৰী। গড় হিচাপে পুৰুষসকল প্ৰায় ১.৬০ মিটাৰ ওখ আৰু তিৰোতাসকল ১.৪০ মিটাৰ ওখ।

আমি পশ্চিম গাৰোপাহাৰ জিলাৰ আমপতি মহকুমাৰ চেলাপাৰা, দুফৰি, কাতুলী আদি গাঁওবোৰ ঘূৰি ফুৰোতে আইসকল আৰু বাপসকলৰ মুখৰ পৰা বহুত গীত-পদ পাওঁ। বেছিভাগ গীত-পদ স্বৰ্গীয়া নিৰঞ্জনা হাজং আইতাৰ পৰা পোৱা। তেওঁৰ পৰা দেহতত্ত্বৰ গীত, কাচা হাজং ভাষাৰ গানৰ লগতে কাৰ্তিক পূজাৰ সম্পূৰ্ণ গীতটো পাওঁ। শ্ৰীকৌশল্যা হাজঙৰ পৰা ৰুৱা লাগা গীত দুটি পাওঁ। শ্ৰীমহেন্দ্ৰ নাথ হাজঙৰ পৰা কীৰ্তনীয়া গীত-পদ পাওঁ। শ্ৰীমহেন্দ্ৰ এজন প্ৰখ্যাত শিল্পী। তেওঁ গাব জানে, ঢোল-পেঁপা-তাল বজাব জানে, নৃত্য

শিকাব জানে। তেওঁ তেওঁৰ সহায়কাৰী ডেকা-গাভৰুক লৈ নৃত্যৰ গীত-পদ গায়। নৃত্যৰ আৱশ্যকীয় পোছাক, মুখা, বাদ্যযন্ত্ৰ আৰু আন সামগ্ৰী মহেন্দ্ৰ হাজংএ নিজেই প্ৰস্তুত কৰে। তেওঁ এজন ভাল কৃষক। দিনৰ দিনটো খেতি পথাৰত কাম কৰি ৰাতি গীত-পদ, নৃত্য শিক্ষাদানত ব্ৰতী থাকে। ইয়াৰ উপৰি লোকসাহিত্য ভাগৰ বাৰমাহী গীত শ্ৰীনিশিকান্ত হাজং, শ্ৰীকৰণ চন্দ্ৰ হাজং আৰু গংগাধৰ ৰয় হাজংৰ পৰা পোৱা গৈছে।

কাৰ্তিক পূজাৰ গীত ঃ

আমি এইখিনিতেই স্বৰ্গীয় নিৰঞ্জনা হাজং আইতাৰ পৰা পোৱা কাৰ্তিক পূজাৰ গীত-পদৰ লগতে কাৰ্তিক পূজাৰ কথা চমুকৈ কৈ লোক সাহিত্যৰ বাৰমাহীৰ গীতেৰে সামৰণি মাৰিব খুজিছোঁ।

কাৰ্তিক পূজাৰ গীত-পদবোৰ কেইবাটাও ভাগত ভাগ কৰা আছে। প্ৰথমটো ভাগত কাৰ্তিকক মূৰ্তিমন্ত ৰূপত সজাই তোলে গীতৰ মাজেৰে। প্ৰথমতে মূৰ নিৰ্মাণ, তাৰ পিছত ক্ৰমে চুলি, কপাল, চকুৰ ভ্ৰ, কাণ, চকু, নাক, গাল, মুখ, ওঁঠ, দাঁত, জিভা, ধুতাৰি, গল, বুকু, হাত, হাতৰ তলুৱা, আঙুলি, পেট, নাভি, কোমৰ, ঠেং, ভৰি পতা আদি নিৰ্মাণৰ সুন্দৰ গীত আছে। ইয়াত ২৪ টা পদ আছে। গীতৰ মাজেৰে প্ৰতিটো অংগ কেনে আৰু তাক কোনে তৈয়াৰ কৰিলে, বেকত কৰিছে। মূৰটো নাৰিকলৰ দৰে, চুলি চৌৰৰ দৰে, কাণ তলাৰ দৰে, ওঁঠ জোকৰ দৰে, আঙুলি শলিতাৰ দৰে ইত্যাদি। উদাহৰণ হিচাপে—

(১) "কাতিৰেটো মুণ্ড বনাইল কোনজন।
আংখি জনমে নাৰকল বিলাইছে
মুণ্ড বনাইল মহাদেৱ।"
(২) "কাতিৰেটো কাণ বনাইল কোনজন
আংখি জনমে তলা বিলাইছে
কাণ বনাইল মহাদেৱ।"
(৩) "কাতিৰেটো চুক বনাইল কোনজন

আংখি জনমে তাৰা বিলাইছে
চুক বনাইল মহাদেৱ।” ইত্যাদি।

এইদৰে প্ৰতিটো অংগ মহাদেৱে তৈয়াৰ কৰি কাৰ্ত্তিকক মূৰ্ত্তিমন্ত কৰি তোলে। তাৰ পিছত আহে কাৰ্ত্তিকক ৰখা মণ্ডপ নিৰ্মাণৰ কথা। তাকো বহু পদৰ মাজেৰে বৰ্ণনা কৰা হৈছে। তাৰো গীত এনে—

“পূবে খাম গাৰিলোং
বৰ তুলসী দিও, অবলা পিয়াৰে
পচিং খাম গাৰিলোং
ৰাম তুলসী দিয়া, অবলা পিয়াৰে।
দক্ষিণ খাম গাৰিলোং
কালা তুলসী দিও, অবলা পিয়াৰে।
উত্তৰ খাম গাৰিলোং
বন তুলসী দিয়া, অবলা পিয়াৰে।”

মণ্ডপৰ চাৰিওফালে বেৰ দিয়া, চৰ্ণ সিন্দুৰ, ৰস সিন্দুৰ, লক্ষ্মী সিন্দুৰ, কাম সিন্দুৰ, চন্দন সিন্দুৰ ওপৰত ঢালি দিয়া কাম, আটাইবোৰ কথা গীতৰ মাজেৰে প্ৰকাশ কৰা হৈছে। আইসকলে গাইছে—

“পূব চাল চাইলোং
পদ্ম ফুল দিয়া, অবলা পিয়াৰে।
পচিং চাল চাইলোং
পটফুল দিয়া, অবলা পিয়াৰে
দক্ষিণ চাল চাইলোং
গোলাপ ফুল দিয়া অবলা পিয়াৰে।
উত্তৰ চাল চাইলোং
জবা ফুল দিয়া অবলা পিয়াৰে।”

তাৰ পিছত ছালৰ মুধা মাৰি আসনলৈ আনি কাৰ্ত্তিক ঠাকুৰক বহুৱায়। গীতৰ মাজেৰে উৰুলি ধ্বনি কৰে ঃ

“চেইনটেড মাৰিলোং

ময়ূৰ পাংখা দিয়া, অবলা পিয়াৰে।

কাতি ঠাকুৰ আসনে বসিল মনেৰে ভক্তি দিয়া।।"

তাৰ পিছত পূজা আৰম্ভ। কাৰ্ত্তিক পূজা আইসকলে ৰাতি পাতে। পুৰুষ মানুহ অহাত বাধা। পুৰোহিত অনা নহয়। আইসকলেই কাৰ্ত্তিক পূজা কৰে। গীতৰ মাজেৰে, হাঁহি-তামাছাৰ মাজেৰে পূজাৰ কাম চলে। পূজাৰ সময়ত কাৰ্ত্তিকৰ প্ৰশংসাসূচক গীত-পদ হিয়াভৰি গায়। কাৰ্ত্তিকৰ যে বিয়া নহ'ল, সেই কথাও গীত-পদৰ মাজেৰে প্ৰকাশ কৰি শেষৰফালে তলত দিয়া পদখিনি অতি সুললিত স্বৰেৰে গাই পূজা শেষ কৰে ঃ

"দেখ দেখ সব সখী হায় হায় ৰে

কাতিৰে তোৰ মাথাৰ চুল এমন শুৰাইছে ভালৰে।

দেখ দেখ সব সখী হায় হায় ৰে

কোকিল থাকে ভালে ভালে কোকিল থাকে জাকে জাকে।

কাতিৰে তোৰ ঘাৰেৰ চাদৰ এমন শুৰাইছে ভালৰে।

দেখ দেখ সব সখী হায় হায় ৰে

কোকিল থাকে ডালে ডালে কোকিল থাকে জাকে জাকে।" ইত্যাদি।

বাৰমাহী গীত ঃ

বাৰমাহী গীত লোকসাহিত্যৰ ভিতৰত পৰে। বাৰমাহী গীতৰ আখ্যানৰ মাজেৰে বাৰ মাহৰ পৰিৱৰ্তনশীল অৱস্থাত মানুহৰ আনন্দ আৰু ভাৱৰ যি আকুলতা আহে, তাৰ বৰ্ণনা পোৱা যায়। এই গীতবোৰ সমাজ জীৱনৰ আনন্দ, বেদনা, ভাৱ-ভাষা, কৰ্ম-হাঁহি-অশ্ৰু আদিৰ সাক্ষী। বাৰমাহী গীতৰ বাৰ মাহ অৰ্থাৎ ছয় ঋতুৰ কালত মানুহৰ মনত উদয় হোৱা সুখ-দুখৰ কাহিনী সংবেদনশীলভাৱে প্ৰকাশ পায়। গীতবোৰৰ মাজত নায়ক-নায়িকাৰ বিৰহৰ বা মিলনৰ কথা থাকে। হাজংসকলৰ মাজত সাধু বাৰমাহী আৰু কন্যা বাৰমাহী গীতহে বৰ্তমানলৈ সংগ্ৰহ কৰা হৈছে। সাধু বাৰমাহী গীত ব'হাগৰ পৰা আৰম্ভ হৈ চ'ত মাহত শেষ কৰা আছে। গীতটোত কৰুণ ৰসাসিক্ত প্ৰাণৰ বেদনা প্ৰকাশ পাইছে। কন্যাৰ বাৰমাহীত মাহৰ নাম উল্লেখ নাই। বণিজলৈ যোৱা

স্বামীৰ বাবে আকুল বিননি প্ৰকাশৰ জৰিয়তে মনৰ দৃঢ়তাও প্ৰকাশ পাইছে ঃ

"কইনা বলেৱে কি কৰি অ'ৰে সাধু

তোৰ এল লগ পাই

আমাৰ সাধুৰ আছে লক্ষ লক্ষ গাই

দুই দুধ ঘৃত মধু আমি ঘৃণা হয়ে নাখায়

কি কৰিব অ'ৰে সাধু তোমাক এক লক্ষ গাই।।"

(অধ্যক্ষ ভৱানন্দ ডেকাই লিখা হাজং জনগোষ্ঠী বিষয়ক এই গৱেষণা-পত্ৰখন 'প্ৰাগজ্যোতিষপুৰ' নামৰ গৱেষণা-পত্ৰিকাত জুন ২০০১ সংখ্যাত প্ৰকাশিত ।– সম্পাদক)

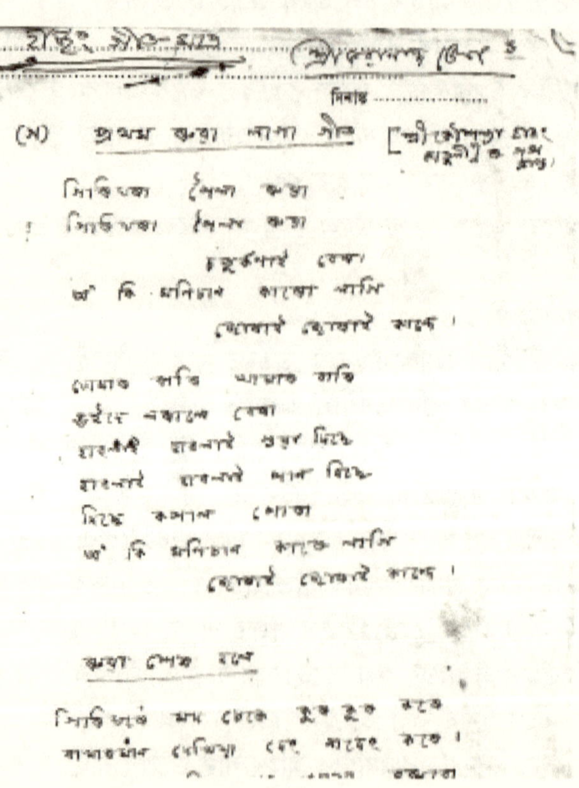

নিৰঞ্জনা আইতা আৰু হাজং দেহতত্ত্বৰ গীত

হাজংসকল অসম আৰু পূৰ্বাঞ্চলৰ থলুৱা জনগোষ্ঠী। তেওঁলোক অসমীয়া ভাষী লোক। বৰ্তমান তেওঁলোকে কোৱা ভাষাটোক হাজং বোলা হয়। স্কুল-কলেজত হাজং ল'ৰা-ছোৱালীয়ে অসমীয়া মাধ্যমত পঢ়ে। পশ্চিম গাৰোপাহাৰৰ দক্ষিণ-পশ্চিমত অৱস্থিত আমপতি মহকুমাৰ অন্তৰ্গত হাজংগাঁও দুফৰিগাঁৱত মোৰ থকাৰ সুবিধা হৈছিল দুবাৰ-- ১৯৯৩ আৰু ১৯৯৪ চনত। মই হাজং গাঁওবোৰ চাই ফুৰিছিলো। ডেকা-গাভৰুক লগ পাইছিলো। কৃষ্টিৰ সুৱৰভি ভৰা গীত-মাত, কাহিনীবোৰ মোৰ কুঁকিত ভৰাইছিলো।

হাজংসকলৰ পাহাৰৰ দাঁতিত এখন ৫০ ঘৰ থকা সৰু গাঁও দুফৰিগাঁও। ধুনীয়া গাঁও— সুখে ভৰা গাঁও। ৰংবোৰ বাটে-পথে সৰি সৰি পৰে।

১৯৯৩ চনৰ ২০ মে' তাৰিখে প্ৰথমবাৰৰ বাবে মেঘালয়ৰ পশ্চিম গাৰোপাহাৰ জিলাৰ দক্ষিণ-পশ্চিম ভাগত অৱস্থিত দুফৰিগাঁৱলৈ যাও। ওচৰতে চেলাপাৰা গাঁও। তাত মই সেইবাৰ ২১, ২২, ২৩ মে' এই তিনিদিন থাকি গাঁওবোৰ ফুৰো, হাজং পুৰুষ-মহিলা-ডেকা-গাভৰুসকলক লগ পাওঁ। কিন্তু সেইবাৰ ডেকা-গাভৰুসকল সংকুচিত আছিল -- মোৰ লগত কথা-বতৰা কম পাতিছিল। পিছৰবাৰ ১৯৯৪ চনৰ ২৪ জানুৱাৰী তাৰিখে যাও। প্ৰথমবাৰ গুৱাহাটীৰ পৰা তুৰা হৈ আমপতি সদৰ ঠাইৰ দুফৰি গাঁৱলৈ গৈছিলো। এইবাৰ গুৱাহাটীৰ পৰা মানকাচাৰ হৈ মহেন্দ্ৰগঞ্জলৈ যাও - বাছত। মহেন্দ্ৰগঞ্জৰ পৰা চেলাপাৰা-দুফৰিগাঁও ওচৰ -- বাছ পোৱা যায়। মই অৱশ্যে এখন এম্বাচাদৰত যোৱাৰ সুবিধা পাইছিলো।

এই দ্বিতীয়বাৰ মই অলপ সাজু হৈ গৈছিলো। প্ৰথমবাৰ হাজংসকলৰ বিষয়ক কথা দুই এজন অতি বয়সীয়া লোকৰ পৰা কিছু কথা সংগ্ৰহ কৰিছিলো। কাটুলী

গাঁৱলৈ গৈ এৰাতি থাকিবলগীয়া হোৱাত তাত দুজনী কলেজীয়া (মানকাচাৰ কলেজত অসমীয়া মাধ্যমত পঢ়া ছোৱালী) ছাত্ৰীৰ লগত অলপ ভাল পৰিচয় হয়। তেওঁলোক পঢ়াশুনা কৰা বাবে হয়তো অলপ আধুনিকা। দুয়ো মোক কাতুলী গাঁওখন দেখুৱাইছিল — হাজংসকলৰ থকা-খোৱা, বাটঘৰ, চ'ৰাঘৰ, গোহাল ঘৰ, তেওঁলোকৰ বিল-খাল আদিৰ পৰিচয় কৰাইছিল। তাৰোপৰি তেওঁলোকেই পোনপ্ৰথম মোক বাস্তু পূজাৰ ঠাই দেখুৱাইছিল।

দ্বিতীয়বাৰ এই দুজনী ছোৱালীৰ জৰিয়তে বহুতো ছোৱালী মোৰ লগ লাগিল। সকলোৰে হাজং পোছাক। কলেজত পঢ়া দুজনীক কিন্তু শাৰী পিন্ধা দেখিছিলো। আটাইৰে লগত কথা হৈ মই আগবাঢ়িলো মোৰ কামত। তেওঁলোকক মোৰ মনৰ কথা কলো। মোক তেওঁলোকৰ লোক-সমাজত প্ৰচলিত গীতপদবোৰ লাগে। মই লিখি ল'ম বুলি ক'লো।

দুফৰিগাঁৰতেই মই লগ পাইছিলো কৃষ্টিৰ সঁফুৰা, প্ৰখ্যাত শিল্পী কিন্তু চৰকাৰৰ পৰা অৱহেলিত নিৰঞ্জনা আইতাক। ১৯৯৪ চনত তেওঁৰ বয়স ৭০ বছৰ হৈছিল। দেখাত বাৰ্দ্ধক্যৰ চাপ পৰিছিল যদিও আইতাৰ দেহৰ গঠন সুন্দৰ — সুৰাস ভৰা, — মুখখন ধুনীয়া। শিল্পীসুলভ ভাৱৰ টৌ চকুৰে-মুখে। অৱশ্যে বৰ্তমান আইতাই দুয়ো চকুৰে দেখা নাপায়। মনৰ চকুৰে সকলো দেখা পায়।

নিৰঞ্জনা আইতাই ককাদেউতাকক 'আজ' বুলি কৈছিল। আজ আছিল শূলগুৰিৰ তাৰা মণ্ডল। তেওঁৰ পুত্ৰ সুবল হাজং নিৰঞ্জনা আইতাৰ পিতৃ। মাকৰ নাম আছিল ৰূপশ্ৰী। মাক আছিল ৰূপে-গুণে অনিন্দিতা। তেওঁ হাজং গীত-পদ শুৱলাকৈ গাব পাৰিছিল। মাকৰ পৰাই নিৰঞ্জনা আইতাই গীত গাবলৈ শিকিছিল। পাছলৈ তেওঁৰ স্বভাৱ-কবিত্ব গুণ বিকশিত হয়। ঠাউকতে যিকোনো বিষয় লৈ গীত ৰচনা কৰি লগে লগে সুৰ দি গাব পৰা অসাধাৰণ গুণৰ বাবে নিৰঞ্জনা আইতা প্ৰসিদ্ধ। মাক ৰূপশ্ৰী জীয়াই থাকোতে মাক-জীয়েক দুয়ো 'গাহান' গাই বহু ঠাইতে ঘূৰি ফুৰিছিল। লগত পালি আছিল।

নিৰঞ্জনা আইতা নিজে চাৰিটা ল'ৰা আৰু এজনী ছোৱালীৰ মাতৃ। তেওঁ পাৰিবাৰিক পৰম্পৰা ৰাখি নিজৰ জীয়েককো গীত-পদ শিকাই লৈছিল, আৰু

পাছলৈ জীয়েকৰ সৈতেও 'গাহান' গাই ফুৰিছিল। মাক আৰু জীয়েকৰ লগত যিবোৰ ঠাইত গৈ তেওঁ গীত গাইছিল, তাৰো স্মৃতি তেওঁ পাহৰা নাছিল। শুলগুৰি, বেতাচিং, কলাইগাঁও, ভৈৰাকৰী, কুলিগাঁও, কাতুলী, চেলাপাৰাৰ লগতে নিজৰ দুফৰিগাঁৱৰো বহু অনুষ্ঠানত গীত গোৱাৰ কথা তেওঁৰ মনত আছে।

মই ১৯৯৪ চনৰ ২৫ আৰু ২৬ জানুৱাৰী তাৰিখ দুয়োদিনা আইতাক লগ পাইছিলো।

প্ৰথম যেতিয়া দেখা কৰোঁ -- আইতা পিৰালিত বহি আছে। মোৰ কথা ক'লত আইতাৰ মুখ উজ্জ্বল হৈ উঠিছিল। গুৱাহাটীৰ পৰা তেওঁক লগ পাবলৈ মানুহ অহা বুলি শুনি আনন্দ লাভ কৰিছিল। মই সৰু বেতৰ মুঢ়া এটাত বহিছিলোঁ। মোৰ লগত অহা হাজং গাভৰু ছোৱালীমখা পীৰা-বস্তাত বহিছিল।

মই গীত-পদৰ কথা সুধিছিলো। আইতাই জীৱনৰ কথা ক'লে, কিন্তু গীত-পদ দিবলৈ ৰাজী নহ'ল। দিলে দায় লাগে বোলে।

তাৰ পিছদিনা, স্কুল-কলেজত পঢ়া হাজং গাভৰু ছোৱালী অৰ্পণা, মায়া, পাৰ্বতী, অঞ্জলি, অস্বাৰতী, অনুপমা, কল্পনা, বিফুলা, তিলোত্তমা, বিভা আৰু বহুজনী ছোৱালীৰ লগত পুনৰ নিৰঞ্জনা আইতাৰ ঘৰলৈ গ'লো।

তেতিয়া শীতৰ নিজান সন্ধিয়া। চোতালত জুই। তাৰ কাষতেই বস্তাত মই বহিলো। মোৰ কাষত ছোৱালীবোৰ বহিল। নিৰঞ্জনা আইতাই মই তেনেকৈ বহা দেখি ইস্-আস্ কৰিলে। মোক 'ঠাকুৰ বাবা' বুলি সন্বোধন কৰি বহিবলৈ ভাল আসন দিয়া নহ'ল বুলি আপচোচ কৰিলে। মই জুইৰ কাষত বহি ভাল পোৱা বুলি ক'লো, আৰু ক'লো যে লুইতৰ পাৰৰ মইও হাজং সকলৰ দৰেই হাজং-অসমীয়া। আইতাক মোৰ সমুখত, জুইৰ তাপ পোৱা ঠাইত বহুৱাই তেওঁৰ জীৱনৰ কথাবোৰ ক'বলৈ কৈছিলো। সিদিনা বহুত কথা সুধিলো-- সাধুকথা, দিস্তান, ফকৰা যোজনা, বাৰমাহী গীতৰ কথা সুধিলো। মই শেষত আইতাক কেইটামান গীত-পদ গাই শুনাব ক'লো আৰু অনুৰোধ কৰিলো, গীত-পদবোৰ পিছত লাহে লাহে গাই যাব-- যাতে মই লিখি ল'ব পাৰো।

কিছু সময় দেখৌঁ, আইতা স্তব্ধ। মুখখনত কিবা ভাৱৰ সঞ্চাৰ। অলপ পাছত দেখৌঁ, এটি যেন ভাস্বৰ জ্যোতি। মোৰ প্ৰতি এটি যেন স্তৱক মুখৰ পৰা

স্বতঃস্ফূর্তভাবে ওলাই আহিল--

"নাম শুনিয়া আইলা তুমি নিৰঞ্জনাৰ বাৰী।

দেহাতত্ত্ব অর্থ বলেৰে দুফৰিগাঁৱৰ কাহিনী।।

কহিবোং কহিবোং কথা -- কথা বৰ দায়।

কহিলেহে মনৰ কথা -- কথা বৰ পায়।।

গাছ হৈছে নিৰঞ্জন লাইখে লাইখে পাতা।

আস্তে ধীৰে ক'ব বন্ধু তোমাত দুখৰ কথা।।"

এই বুলি গাই আইতাই মোক ৰুচি গান, দেহাতত্ত্ব গীত, কাচাং হাজং গীত, কার্তিক গীত আদি বহুত দিলে।

মই সেইবাৰ অহাৰ আগে আগে আইতাৰ নামত এটি প্রশস্তি লিখি ছোৱালী কেইজনীমানক সেইটো আইতাক শুনাই দিবলৈ ক'লো আৰু ক'লো যে -- আইতাই যেন মোৰ মনৰ বাঞ্ছা পূৰণ কৰে।

প্রশস্তিটো ছোৱালী কেইজনীয়ে গৈ আইতাক শুনাই দিয়াত বোলে আইতাৰ দুই চকুৰে দুধাৰি চকুলো ওলাই আহিছিল। সিহঁতক আইতাই কৈছিল --"যা, ঠাকুৰবাবাক ক'বি, মই সকলো গীত-পদ দিম।'

আইতাই দিয়া দেহতত্ত্বৰ গীত এটা হ'ল এইটো ঃ

"এক মাহে জন্ম নিল জানে বা নাজানে।

দুয়ো মাহে জন্ম নিল লোকে মুখে চিনে।।

তিনি মাহে জন্ম নিল ৰক্ত চান্দে দোলা।

চাৰি মাহে জন্ম নিল হাড়ে-মাংস জোৰা।।

পাঁচ মাহে জন্ম নিল পঞ্চ পুষ্প ফোট।

ছয় মাহে জন্ম নিল মন পৱন জিলায়।।

সাত মাহে জন্ম নিল কৰে এলা মেলা।

আঠ মাহে জন্ম নিল নয়ন জুৰায়।।

নয় মাহে জন্ম নিল নৱত ভৱত কৰে।

দশ মাহে জন্ম নিল পণ্ডিত বুলাই।।

দশ মাস দশ দিন ভূমিত পৰিল।

দস মাস দশ দিন হৰি নাম নিল।।

(অধ্যক্ষ ভৱানন্দ ডেকাৰ হাজং লোক-সংস্কৃতি সম্পৰ্কীয় এই প্ৰৱন্ধটো অসমৰ সৰ্বপ্ৰাচীন মৰ্যাদাসম্পন্ন অসমীয়া বাতৰিকাকত 'দৈনিক অসম'ত 'হাজং লোক-সংস্কৃতিত এভুমুকি' স্তম্ভলেখাৰ অংশ হিচাপে 'জোনাকী বাট' পৰিপূৰিকাত ১০ ফেব্ৰুৱাৰী ২০০১ তাৰিখৰ সংখ্যাত প্ৰকাশিত। —সম্পাদক)

জোনাকী বাট

DAINIK ASAM, SATURDAY, FEBRUARY 10, 2001

নিৰঞ্জনা আইতা আৰু হাজং দেহতত্ত্বৰ গীত

হাজংসকল অসমৰ থলুৱা জনগোষ্ঠী। তেওঁলোক অসমৰ উপৰি অৰুণাচল, মেঘালয় আৰু ত্ৰিপুৰাতো আছে। অসমীয়া ভাষী লোক। পশ্চিম গাৰো পাহাৰত থকা হাজংসকলৰ ল'ৰা-ছোৱালীয়ে অসমীয়া মাধ্যমত পঢ়ে। গাৰো পাহাৰৰ হাজংসকলৰ গাঁৱবোৰ খাছ অসমীয়া গাঁও। খোৱা-লোৱা, আচাৰ-নীতি প্ৰায়বিলাক অসমীয়া। ...

...

হাজং লোক-সংস্কৃতিত এভুমুকি ঃ ভৱানন্দ ডেকা

...

তথ্যসূত্ৰ আৰু গ্ৰন্থপঞ্জী

১) *লোক-পিয়লৰ প্ৰতিবেদন, ভাৰত চৰকাৰ*, ১৮৯১

২) Dalton, *Tribal History of Eastern India*, 1872

৩) ড° সুনীতি কুমাৰ চেটাৰ্জী, *কিৰাট জন-কৃতি*

8) D.A. Mazumdar, "An Account of the Hinduised Community of Western Meghalaya"

৫) R.G. Latham, *Ethnology of India*

৬) Dr S.N. Sarma, *A Socio-Economic and Cultural History of Medieval Assam*

৭) হলক্, (হাজং কথালা) মুখপত্ৰ, শাৰদীয় সংখ্যা, তুৰা, মেঘালয়, অক্টোবৰ ১৯৯৩

৮) হাজং ফেংচালি বৰ্মা, "হাজং নামলা উৎপত্তি ও তাৎপৰ্য" (প্ৰৱন্ধ), হলক্ অক্টোবৰ ১৯৯৩

৯) শ্ৰীলক্ষ্মীন্দৰ হাজং, হাজং *বিবাহ-পদ্ধতি* (গ্ৰন্থ)

১০) শ্ৰীপৰেশ হাজং, "হাজং জনজাতিৰ জন্ম ৰহস্য", জনশিক্ষা

১১) শ্ৰীমতিলাল বৰ্মন, "হাজং সমাজ আৰু সংস্কৃতি", *সোণালী জয়ন্তী স্মৃতিগ্ৰন্থ, উত্তৰ-পূৰ ভাৰত হাজং উন্নয়ন সমিতি*, লক্ষ্মীমপুৰ, ১৯৮৭

১২) শ্ৰীসামৰণ হাজো, *প'ত তাৰা* (হাতেলিখা পুথি)

১৩) Dr B.N. Bordoloi (Ed.), *Tribes of Assam*, Trial Research Institute, Government of Assam

১৪) অধ্যক্ষ ভৱানন্দ ডেকা, "উত্তৰ পূৰ ভাৰতৰ হাজং জনগোষ্ঠী", *দক্ষিণায়ন দূত, বছৰ-২, সংখ্যা-৯*, ১৯৯৩

১৫) অধ্যক্ষ ভৱানন্দ ডেকা, "উত্তৰ পূৰ ভাৰতৰ হাজং জনগোষ্ঠী ঃ সমাজ আৰু সংস্কৃতি", *দক্ষিণায়ন দূত, বছৰ-৩, সংখ্যা-১৪*, ১৯৯৩

১৬) অধ্যক্ষ ভৱানন্দ ডেকা, "হাজং জনজাতি", আজিৰ বাতৰি, ডিচেম্বৰ ১৯৯৩

১৭) অধ্যক্ষ ভৱানন্দ ডেকা, "হাজং", *অসম বাণী, সম্পাদক - হোমেন বৰগোহাঞিঁ*, ২৪ ফেব্ৰুৱাৰী ১৯৯৫

১৮) অধ্যক্ষ ভৱানন্দ ডেকা, "হাজংসকল", *দৈনিক অসম*, ১৯৯৫

১৯) অধ্যক্ষ ভৱানন্দ ডেকা, "উত্তৰ পূৰ ভাৰতৰ হাজং জনগোষ্ঠী", প্ৰাগজ্যোতিষপুৰ, অক্টোবৰ ২০০০

২০) অধ্যক্ষ ভৱানন্দ ডেকা, "উত্তৰ পূৰ ভাৰতৰ হাজং জনগোষ্ঠী ঃ সমাজ আৰু সংস্কৃতি", প্ৰাগজ্যোতিষপুৰ, জুন ২০০১

২১) অধ্যক্ষ ভৱানন্দ ডেকা, "হাজং জনগোষ্ঠী", *আল্পা গংগা*, ভাৰতী অধ্যয়ন চ'ৰা, সৰ্থেবাৰী, ১৯৯৩-৯৪

২২) অধ্যক্ষ ভৱানন্দ ডেকা, "হাজং লোক-সংস্কৃতিত এভুমুকি ঃ নিৰঞ্জনা আইতা আৰু হাজং দেহতত্ত্বৰ গীত", *দৈনিক অসম, জোনাকী বাট*, ১০ ফেব্ৰুৱাৰী ২০০১

২৩) অধ্যক্ষ ভৱানন্দ ডেকা, "পশ্চিম গাৰোপাহাৰৰ হাজঙৰ বাৰমাহী গীত", *দৈনিক অসম, জোনাকী বাট*, ১৭ ফেব্ৰুৱাৰী ২০০১

২৪) অধ্যক্ষ ভৱানন্দ ডেকা, "হাজং লোক-সংস্কৃতিত এভুমুকি ঃ পশ্চিম গাৰোপাহাৰৰ হাজঙৰ ৰুচি গান, নৃত্য", *দৈনিক অসম, জোনাকী বাট*, ৩ মাৰ্চ ২০০১

২৫) অধ্যক্ষ ভৱানন্দ ডেকা, "হাজং লোক-সংস্কৃতিত এভুমুকি ঃ কাৰ্তিক পূজাৰ গীত-পদ", *দৈনিক অসম, জোনাকী বাট*, ৩১ মাৰ্চ ২০০১

২৬) অধ্যক্ষ ভৱানন্দ ডেকা, "হাজং লোক-সংস্কৃতিত এভুমুকি ঃ ৰুৱা লাগা গীত আৰু কাচা হাজং গান", *দৈনিক অসম, জোনাকী বাট*, ২১ এপ্ৰিল ২০০১

২৭) অধ্যক্ষ ভৱানন্দ ডেকা, "দুফৰি গাঁৱৰ নিৰঞ্জনা আইতা"(কবিতা), *বাৰ্তাপখিলী*, ২০০৪

২৮) অধ্যক্ষ ভৱানন্দ ডেকা, "দুফৰি গাঁৱৰ নিৰঞ্জনা আইতা", *মোৰ কবিতা (সম্পাদনা - অৰ্ণৱ জান ডেকা)*, ডিচেম্বৰ ২০০৭

২৯) অৰ্ণৱ জান ডেকা, "দুফৰি গাঁৱৰ নিৰঞ্জনা আইতা"(গল্প), *গৰীয়সী*, সম্পাদক - ডঃ লক্ষ্মীনন্দন বৰা, ৰঙালী বিহু সংখ্যা, এপ্ৰিল ২০১৭

৩০) অৰ্ণৱ জান ডেকা, "দুফৰি গাঁৱৰ নিৰঞ্জনা আইতা"(গল্প), *প্ৰান্তিক*, সম্পাদক - প্ৰদীপ বৰুৱা, ১ অক্টোবৰ ২০১৭

৩১) অৰ্ণৱ জান ডেকা, *দুফৰি গাঁৱৰ নিৰঞ্জনা আইতা আৰু অন্যান্য গল্প*, অসম ফাউণ্ডেছন-ইণ্ডিয়া, ৪ ডিচেম্বৰ ২০১৭

৩২) প্ৰতিবেদক, "অধ্যক্ষ ভৱানন্দ ডেকা-নলিনী প্ৰভা ডেকা স্মৃতিচাৰণ সভা আৰু গ্ৰন্থ উন্মোচন", আমাৰ অসম, ৫ ডিচেম্বৰ ২০১৭

৩৩) স্টাফ ৰিপৰ্টাৰ, "হাজং জনগোষ্ঠীৰ তিনিখন গ্ৰন্থ উন্মোচন", জনসাধাৰণ, ১১ ডিচেম্বৰ ২০১৭

৩৪) স্টাফ ৰিপৰ্টাৰ, "অধ্যক্ষ ভৱানন্দ ডেকা-নলিনী প্ৰভা ডেকা স্মাৰক বক্তৃতা সম্পন্ন ঃ হাজং জনগোষ্ঠী সম্পৰ্কীয় তিনিখন গ্ৰন্থ উন্মোচন", *দৈনিক বাতৰি কাকত*, ১১ ডিচেম্বৰ ২০১৭

৩৫) Dr Sangeeta Roy, *A Panorama of Bodo, Rabha and Hajong Folk Dances in Goalpara District, Assam*, Saraswat, 2017

৩৬) ডাঃ দুলুমণি কলিতা, "২০১৭ চনৰ প্ৰান্তিকৰ গল্প", প্ৰান্তিক, ১ ফেব্ৰুৱাৰী ২০১৮

অধ্যক্ষ ভৱানন্দ ডেকা ঃ 'আৰাহন-ৰামধেনু যুগ'ৰ সাহিত্যিক আৰু 'অসমৰ অৰ্থনীতি'ৰ পিতৃপুৰুষ

অসমৰ স্বাধীনোত্তৰ কালত হে থলুৱা অৰ্থনৈতিক দিশত প্ৰণালীবদ্ধ চিন্তা-চৰ্চাৰ সূচনা হয়। ব্ৰিটিছৰ শাসন কালত ভাৰতবাসীৰ সামগ্ৰিক অৰ্থনৈতিক উন্নয়নে কেতিয়াও গুৰুত্ব পোৱা নাছিল। স্বাধীনোত্তৰ কালত ভাৰতীয়ই নিজৰ ভৱিষ্যত নিৰ্মাণৰ সকলো দায়িত্ব গাত পাতি ল'ব লগা হ'ল, আৰু কেইবা শতিকা জোৰা দাসত্বৰ মাজেৰে উত্তৰাধিকাৰ লাভ কৰা অনভিজ্ঞতাৰ ভিত্তিতে স্থানীয় অৰ্থনীতি সম্পৰ্কত নিৰ্দিষ্ট নীতি নিৰ্দ্ধাৰণ কৰি ল'বলৈ বাধ্য হ'ল। ভাৰতবৰ্ষৰ অন্যান্য অঞ্চলবোৰত বিশ্ববিদ্যালয়ৰ দৰে উচ্চ শিক্ষানুষ্ঠান ইতিমধ্যে প্ৰতিষ্ঠা হোৱা বাবে ব্ৰিটিছ শাসনৰ পৃষ্ঠপোষকতা নোহোৱাকৈয়ে অৰ্থনীতি সম্পৰ্কীয় চিন্তা-চৰ্চা ছেগাচোৰোকাকৈ আৰম্ভ হ'লেও অসমে স্বাধীনতাৰ দোকমোকালিতে গুৱাহাটী বিশ্ববিদ্যালয় প্ৰতিষ্ঠা হোৱালৈকে থলুৱা অৰ্থনীতি চৰ্চাৰ পটভূমি সৃষ্টিৰ বাবে অপেক্ষা কৰিব লগা হৈছিল। তাৰ পাছতো সমস্যা হ'ল, বিশ্ববিদ্যালয়ে অসমৰ উপযোগী পাঠ্যক্ৰম প্ৰস্তুত কৰিব পৰাকৈ প্ৰাদেশিক স্তৰত অৰ্থনীতিৰ গৱেষণা কাৰ্যসূচী কিম্বা পাঠ্যপুথি আৰু অন্যান্য প্ৰাসংগিক গ্ৰন্থ তেতিয়াও ৰচনা হোৱা নাছিল। গতিকে, ইংৰাজী ভাষাত বাহিৰৰ অনা-অসমীয়া অৰ্থনীতিবিদে লিখি প্ৰকাশ কৰা গ্ৰন্থৰ আধাৰতে অসমত বিশ্ববিদ্যালয় পৰ্যায়ৰ অৰ্থনীতিৰ পাঠ্যক্ৰম প্ৰস্তুত হৈছিল আৰু সম্পূৰ্ণ এটা দশক ধৰি তাৰ আধাৰতে অসমত অৰ্থনীতিৰ স্নাতক আৰু স্নাতকোত্তৰ ডিগ্ৰীধাৰী অৰ্হতাবানৰ সৃষ্টি হৈছিল, যি সকলৰ থলুৱা অৰ্থনীতি সম্পৰ্কীয় জ্ঞান

আছিল প্ৰায় শূন্য।

যিকোনো এটা অঞ্চলৰ অৰ্থনীতি-চৰ্চাৰ পৰা থলুৱা আৰ্থ-সামাজিক পটভূমিটোক আঁতৰাই ৰাখিব নোৱাৰি। স্থানীয় লোকৰ অৰ্থনৈতিক উন্নয়নৰ কোনো পৰিকল্পনা নোহোৱা অৰ্থনীতি-চৰ্চা মূল্যহীন। অন্যান্য বহুতো তাত্ত্বিক বিষয়তকৈ অৰ্থনীতিৰ গুৰুত্ব স্থানীয়ভাৱে সেয়েহে বেছি। স্বাধীন ভাৰত আৰু স্বতন্ত্ৰ প্ৰদেশ অসম ন কৈ গঢ় দিয়াৰ স্বপ্ন দুচকুত লৈ পৰাধীনতাৰ শিকলি ছিগি ওলাই অহা অসমৰ প্ৰথমটো অৰ্থনীতিকৰ দলৰ ওপৰত এই পৰিস্থিতিত যথেষ্ট দায়িত্ব আৰু প্ৰত্যাহ্বান আহি পৰিছিল। তেওঁলোকে আৰ্জিত বিদ্যাৰে কেৱল নিজৰ বাবে পাৰ্থিৱ সুখ-সম্ভোগৰ আহিলা গোটোৱাৰ দৰে আত্মকেন্দ্ৰিক বৃত্ত একোটাৰ মাজত বন্দী হোৱাটো সমাজে বিচৰা নাছিল। অসমৰ উপযোগী অৰ্থনৈতিক নীতি আৰু পৰিচালন ব্যৱস্থা গঢ় দিয়াৰ বাবে তাত্ত্বিক ভূমিকা গ্ৰহণ কৰা, আৰু একে সময়তে অসমৰ সৰ্বসাধাৰণ ৰাইজকো অৰ্থনীতি সম্বন্ধীয় প্ৰণালীবদ্ধ জ্ঞান বিতৰণৰ প্ৰত্যাহ্বান গ্ৰহণ কৰি ওলাই অহা প্ৰথম অৰ্থনীতিবিদ কেইজনৰ অন্যতম পথিকৃত আছিল অসমৰত্ন অধ্যক্ষ ভবানন্দ ডেকা। প্ৰায় ওৰেটো জীৱন অতি ল' প্ৰফাইলত থাকি নীৰৱে অসমৰ অৰ্থনীতিৰ বিভিন্ন দিশত দি যোৱা অৱদান সমূহৰ বাবে অধ্যক্ষ ভবানন্দ ডেকাৰ নাম অসমবাসীয়ে চিৰকাল কৃতজ্ঞতাৰে সুঁৱৰি থাকিব। পিছে, জীৱদ্দশাত তেখেতৰ কৰ্মজীৱন সম্পৰ্কত বিস্তাৰিত চৰ্চা নোহোৱা বাবে তেখেতৰ জীৱনৰ উল্লেখযোগ্য দিশবোৰ আলোচনা কৰাৰ অৱকাশ এতিয়াও আছে।

অসমীয়া ভাষাত অসমৰ অৰ্থনীতিৰ প্ৰথম গ্ৰন্থকাৰ অধ্যক্ষ ভবানন্দ ডেকা

প্ৰায় অৰ্দ্ধশতাব্দী পূৰ্বে অসমীয়া ভাষাত অসমৰ অৰ্থনীতি বিষয়ক প্ৰথম গ্ৰন্থখন ৰচনা হৈছিল। ১৯৬১ চনত নিউ বুক স্টলে প্ৰকাশ কৰা এই ঐতিহাসিক গ্ৰন্থখন হ'ল 'অসমৰ অৰ্থনীতি'। গ্ৰন্থকাৰ অধ্যক্ষ ভবানন্দ ডেকা। যোৱা পাঁচোটা দশক ধৰি এই গ্ৰন্থখনিৰ গুৰুত্ব আৰু জনপ্ৰিয়তা যে এধানিও কমা নাই, তাৰ প্ৰমাণ হ'ল, বিভিন্ন প্ৰকাশকৰ দ্বাৰা এতিয়াও সেই গ্ৰন্থৰ পৰিবৰ্দ্ধিত আৰু সংশোধিত তাঙৰণ বজাৰত ওলায়েই আছে। এই গ্ৰন্থখনে প্ৰথম বাৰলৈ অসমৰ অৰ্থনীতিৰ ওপৰত অসমৰ ৰাজ্যভাষাত প্ৰণালীবদ্ধ চৰ্চা আৰু গৱেষণাৰ সূচনা কৰে। অসমৰ অৰ্থনীতি যে এক স্বতন্ত্ৰভাৱে গৱেষণা কৰিবলগীয়া বিষয়, সেই বিষয়ে এই গ্ৰন্থই ছাত্ৰ আৰু গৱেষকক সমানে সঁকীয়নি দিয়াৰ উপৰিও অসমৰ ৰাজনৈতিক আৰু প্ৰশাসন ক্ষেত্ৰ দুখনকো স্থানীয় চাহিদা আৰু উপযোগিতালৈ মনত ৰাখি অসমকেন্দ্ৰিক সুকীয়া অৰ্থনৈতিক

পৰিকল্পনা সম্বন্ধীয় নীতি-নিৰ্দ্ধাৰণ কৰিবলৈ বাধ্য কৰিছিল। উল্লেখযোগ্য কথাটো হ'ল, গ্ৰন্থকাৰ অধ্যক্ষ ভৱানন্দ ডেকাই ১৯৫৭ চনত অৰ্থনীতিত স্নাতকোত্তৰ ডিগ্ৰী অৰ্জন কৰি কলেজৰ অধ্যাপনা আৰম্ভ কৰাৰ দুবছৰৰ ভিতৰতে কোনো পথপ্ৰদৰ্শক পূৰ্বসূৰী গ্ৰন্থকাৰৰ পৰা আৰ্হি বা সমল নোপোৱাকৈ অসমৰ অৰ্থনীতিৰ দৰে এক জটিল আৰু গভীৰ দায়িত্বশীল বিষয়ৰ প্ৰথম গ্ৰন্থখন ৰচনা কৰিছিল। সেই গ্ৰন্থৰ আৰ্হি লৈ যোৱা পাঁচটা দশকত অনেক গ্ৰন্থকাৰে অসমৰ অৰ্থনীতিৰ বিভিন্ন দিশত আলোকপাত কৰি কিতাপ লিখি বজাৰত এৰি দিলে যদিও সামগ্ৰিকভাবে অসমৰ অৰ্থনীতিৰ বিষয়ে জানিবলৈ আগ্ৰহী লোকে এতিয়াও অধ্যক্ষ ভৱানন্দ ডেকাৰ গ্ৰন্থখনিৰ ওপৰতে নিৰ্ভৰ কৰে। অসমৰ অৰ্থনীতি সম্বন্ধীয় প্ৰথম গ্ৰন্থকাৰ হিচাপে গ্ৰহণ কৰা বাটকটীয়া ভূমিকাতে ক্ষান্ত নাথাকি তেখেতে অসমৰ থলুৱা ভাষাত অৰ্থনীতি বিজ্ঞান, ৰাজনীতি বিজ্ঞান আৰু পৌৰ বিজ্ঞান বিষয় কেইটাৰ শিক্ষা গ্ৰহণ কৰিবলৈ ওলাই অহা প্ৰথমৰ ছাম ছাত্ৰ-ছাত্ৰীৰ উপযোগীকৈ অসমীয়াতে 'পৌৰবিজ্ঞান আৰু অৰ্থবিজ্ঞান', 'ভাৰতৰ সংবিধান', 'ৰাজনীতি বিজ্ঞান', 'ভাৰতৰ বেংক ব্যৱস্থা', 'ৰাষ্ট্ৰসংঘৰ চনদ', 'ৰাজহ বিজ্ঞান', 'অৰ্থনৈতিক উন্নয়ন আৰু পৰিকল্পনা', 'ভাৰতৰ উন্নয়ন আৰু পৰিকল্পনা' প্ৰভৃতি বিখ্যাত গ্ৰন্থবোৰো একাদিক্ৰমে প্ৰণয়ন কৰি অসমৰ শৈক্ষিক আৰু বৌদ্ধিক ক্ষেত্ৰত শীৰ্ষস্থানীয় অৰ্থনীতিবিদ হিচাপে নিগাজী প্ৰতিষ্ঠা অৰ্জন কৰে। প্ৰসংগতে উল্লেখ কৰি থ'ব পাৰি যে মূলতঃ অধ্যক্ষ ভৱানন্দ ডেকা অৰ্থনীতি ক্ষেত্ৰৰ গৱেষক আৰু শিক্ষাৰ্থীৰ মাজতে জনপ্ৰিয় আছিল যদিও পৌৰবিজ্ঞান (Civics) আৰু ৰাজনীতি বিজ্ঞান বিষয় দুটাৰো চৰ্চাকাৰী সকলে অসমীয়া ভাষাত প্ৰসংগপুথিৰ অভাৱত সন্মুখীন হোৱা দুৰৱস্থা প্ৰত্যক্ষ কৰি শিক্ষাক্ষেত্ৰৰ সৈতে জড়িত এজন অসমীয়া হিচাপে জাতিটোৰ প্ৰতি থকা ঐতিহাসিক দায়িত্ববোধৰ তাড়নাতে সেই বিষয় দুটাতো অসমীয়া ভাষাত গ্ৰন্থ ৰচনাৰ বাবে তেখেত স্বেচ্ছাই আগবাঢ়ি আহিছিল। অৰ্থনীতি বিজ্ঞানেৰে আৰম্ভ কৰি এনেদৰে কৰ্মজীৱনৰ প্ৰথম দশকটোৰ ভিতৰতে অধ্যক্ষ ডেকাই তিনিটা সুকীয়া আৰু স্বতন্ত্ৰ বিষয়ৰ বিশেষজ্ঞ-গ্ৰন্থকাৰৰূপে স্বীকৃত হয়।

অসমৰ থলুৱা অৰ্থনীতিৰ প্ৰথমগৰাকী গৱেষক অধ্যক্ষ ভৱানন্দ ডেকা

গ্ৰন্থকাৰ ৰূপে অৰ্জন কৰা অভাৱনীয় মান-যশৰ মাজতো অধ্যক্ষ ডেকাই অসমৰ প্ৰতি থকা দায়বদ্ধতাক কোনো এটা ক্ষণতে পাহৰা নাছিল। শৈক্ষিক পাঠ্যক্ৰমৰ সৈতে সম্পৰ্ক নথকা, অসমৰ অৰ্থনীতি সম্বন্ধীয় কেইবাটাও ইতিপূৰ্বে আৰু পাছলৈকো কোনো অৰ্থনীতিবিদে স্পৰ্শ নকৰা দিশত তেখেতে বিস্তাৰিত গৱেষণা কৰি গৱেষণাপত্ৰ

প্রকাশ কৰি গৈছে। অৰ্থনীতিৰ সৈতে অসমৰ ইতিহাসৰ এক যোগসূত্র স্থাপনত তেখেতৰ গবেষণা পত্রবোৰে ভৱিষ্যতৰ আগ্রহী গৱেষকক প্রচুৰ সহায় কৰিব। সকলো প্রতিষ্ঠিত গৱেষক আৰু অৰ্থনীতিৰ পৰ্যবেক্ষকে অদ্ভুত বিষয় বস্তুৰ বুলি স্বীকাৰ কৰা এই গৱেষণাপত্র কিছুমানৰ শিৰোনামা এনেধৰণৰ ঃ

১) শংকৰদেৱৰ সময়ৰ অৰ্থনীতি

২) উনিশ শতিকাৰ প্রাৰম্ভিক কালৰ অসমৰ অৰ্থনীতি

৩) অসমৰ গ্রাম্য অৰ্থনীতি

৪) অৰ্থনীতিত শংকৰদেৱৰ অৱদান

৫) চৰ অৰ্থনীতি আৰু ব্রহ্মপুত্রৰ প্রভাৱ

৬) গুৱাহাটীৰ অৰ্থনীতি

৭) শিক্ষাৰ অৰ্থনৈতিক দিশ

৮) তৰুণ ফুকনৰ দিনত অসমৰ অৰ্থনীতি

৯) অস্তিত্ব ৰক্ষাৰ সংগ্রাম আৰু অসমৰ অৰ্থনীতি।

এই গৱেষণাপত্রবোৰৰ সংক্ষিপ্ত সংস্কৰণ একাধিক প্রৱন্ধৰ ৰূপত বিগত চাৰি-পাঁচটা দশকত আৱাহন, ৰামধেনু আৰু অসম সাহিত্য সভা পত্রিকাৰ উপৰিও মণিদীপ, জনশিক্ষা, বোস্বেৰ ভাৰত-সেৱক, নতুন অসমীয়া, দৈনিক অসম, ৰাইজৰ বাতৰি আদি কাকত-আলোচনীত প্রকাশ হৈ ৰাজহুৱা প্রণিধানযোগ্যে হৈ উঠিছে।

অৰ্থনীতিৰ বিশেষজ্ঞ বা গৱেষকৰূপে অধ্যক্ষ ভৱানন্দ ডেকাৰ থাউকতে চকুত পৰা বৈশিষ্ট্যটো হ'ল, তেখেতে অসমৰ বিশ্ববিদ্যালয় কেইখনে ইমান বছৰে গঢ়ি তোলা অৰ্থনীতি-চৰ্চাৰ পৰম্পৰাটোৰ বাহিৰত থাকিহে নিজৰ গৱেষণাৰ বিষয়বোৰ বাছনি কৰিছিল। তেখেতৰ গৱেষণাই শংকৰদেৱৰ সময়ৰ প্রায় পাঁচ শতিকা পূৰ্বৰ অসমৰ অৰ্থনৈতিক অৱস্থাৰ পৰা আৰম্ভ কৰি উনবিংশ শতিকা, বিংশ শতিকাৰ আৰম্ভণি আৰু শেষ কালৰ সমসাময়িক ব্যক্তি আৰু ঘটনাৰাজীৰ আলমত গঢ় লোৱা অৰ্থনৈতিক পৰিৱৰ্তনবোৰকো সামৰি লৈছিল। তদুপৰি, অসমৰ তথাকথিত উচ্চশিক্ষাৰ ডিগ্রীপ্রাপ্ত অৰ্থনীতিজ্ঞ সকলে গুৰুত্বহীন বুলি অৱজ্ঞা কৰি অহা অসমৰ গ্রাম্য অৰ্থনীতি, ব্রহ্মপুত্রকেন্দ্রিক চৰ অৰ্থনীতি আৰু আনকি ৰাজধানী গুৱাহাটীৰ নিজা অৰ্থনীতিকো অধ্যক্ষ ডেকাই তেখেতৰ নিৰৱচ্ছিন্ন গৱেষণাৰ অন্তৰ্ভুক্ত কৰি লৈছিল। ঐতিহাসিক দৃষ্টিকোণৰ পৰা অসমৰ অৰ্থনীতিক কেবাটাও শতিকাৰ আলমত বিচাৰ কৰা অন্য এজন অসমীয়া অৰ্থনীতিবিদ এতিয়াও ওলাই অহা নাই।

এনেবোৰ অপৰম্পৰাগত দিশত অৰ্থনীতিৰ গৱেষণা কৰি অসমৰ শৈক্ষিক, বৌদ্ধিক

আৰু সামাজিক ক্ষেত্ৰক অতিকে সমৃদ্ধিশালী কৰি তোলা অধ্যক্ষ ভৱানন্দ ডেকাৰ দৰে এজন শীৰ্ষস্থানীয় অসমীয়া বাটকটীয়া গৱেষকক তেখেতৰ সামগ্ৰিক গৱেষণা-কৰ্মৰ বাবে অসমৰ বিশ্ববিদ্যালয় কেইখনে মৰণোত্তৰ ভাবেও যদি সন্মানীয় ডি. লিট. ডিগ্ৰী প্ৰদানৰ দৰে দৃষ্টান্ত স্থাপন কৰে, সেয়া আশাৰ কথা হ'ব।

অৱশ্যে, তেখেতৰ গৱেষণা-কৰ্ম আৰু গ্ৰন্থবোৰৰ সৈতে পৰিচয় থকা অসমৰ লক্ষ লক্ষ বিদ্যাৰ্থী-গৱেষকৰ উপৰিও সাধাৰণ পাঠক আৰু অসম-অসমীয়াৰ প্ৰতি দায়বদ্ধ প্ৰতিজন লোকে জীৱনকালতে তেখেতক প্ৰাপ্য সন্মান-স্বীকৃতি যাঁচিছে। তেনে এগৰাকী ব্যক্তি হ'ল বিশিষ্ট অসমীয়া সাহিত্যিক, চলচ্চিত্ৰকাৰ, 'প্ৰান্তিক' আলোচনীৰ প্ৰতিষ্ঠাপক মুখ্য সম্পাদক তথা গুৱাহাটী বিশ্ববিদ্যালয়ৰ পদাৰ্থ বিজ্ঞান বিভাগৰ একালৰ অধ্যাপক আৰু বিশ্ববিদ্যালয়ৰ পাঠ্যপুথি প্ৰস্তুতি সমিতিৰ সচিব ৰূপে কাৰ্যনিৰ্বাহ কৰা, গুণীৰ মোল বুজা জহৰী ড° ভবেন্দ্ৰ নাথ শইকীয়া। অৰ্থনীতিৰ ক্ষেত্ৰত, অসমীয়া ভাষা ব্যৱহাৰ কৰি গ্ৰন্থ ৰচি পথপ্ৰদৰ্শকৰ ভূমিকা পালন কৰি জন্মভূমি আৰু মাতৃভাষাৰ প্ৰতি অতুলনীয় সেৱা আগবঢ়াই থকা অধ্যক্ষ ভৱানন্দ ডেকাৰ অৱদানৰ স্বীকৃতি স্বৰূপে গুৱাহাটী বিশ্ববিদ্যালয়ৰ হৈ অৰ্থনীতিৰ স্নাতক আৰু স্নাতকোত্তৰ পাঠ্যক্ৰমৰ বাবে দুটা খণ্ডত 'ভাৰতৰ অৰ্থনীতি' নামৰ সুবিশাল গ্ৰন্থখন প্ৰণয়নৰ প্ৰস্তাৱ ড° শইকীয়াই অধ্যক্ষ ডেকালৈ আগবঢ়াইছিল। এই বৃহৎ গ্ৰন্থখন ৰচনা কৰাত অধ্যক্ষ ভৱানন্দ ডেকাক ড° ভবেন্দ্ৰ নাথ শইকীয়াই প্ৰতি পদক্ষেপতে মনে-প্ৰাণে সহযোগ আগবঢ়াইছিল। বহুসময়ত গ্ৰন্থ দুখনৰ আৰ্হিকাকত শুধৰণিৰ কামো গ্ৰন্থকাৰৰ সলনি প্ৰকাশক ড° ভবেন্দ্ৰ নাথ শইকীয়াই কৰি দিছিল। গ্ৰন্থ দুখন প্ৰায় একে সময়তে ১৯৭৪ চনত ছপা হৈ ওলাইছিল, আৰু দুয়োখনতে গ্ৰন্থকাৰৰ ভূঁয়সী প্ৰশংসা কৰি গুৱাহাটী বিশ্ববিদ্যালয়ৰ হৈ ড° ভবেন্দ্ৰ নাথ শইকীয়াই নিজে লিখা পাতনি সংযোজিত হৈছিল।

অসমৰ এগৰাকী সৰ্বশ্ৰেষ্ঠ সাহিত্যিক-পদাৰ্থবিজ্ঞানীয়ে নিজে প্ৰকাশকৰ ভূমিকা লৈ অধ্যক্ষ ভৱানন্দ ডেকাৰ হতুৱাই অসমীয়া ভাষাত গ্ৰন্থ লিখাই গুৱাহাটী বিশ্ববিদ্যালয়ৰ হৈ প্ৰকাশ কৰিবলৈ প্ৰদৰ্শন কৰা এনে অভূতপূৰ্ব আগ্ৰহে অসমৰ শৈক্ষিক মহলৰ সৰ্বোচ্চ স্তৰত অধ্যক্ষ ডেকাই অৰ্জন কৰা স্বীকৃতি সন্দেহাতীত ভাবে সাব্যস্ত কৰিছে। 'ভাৰতৰ অৰ্থনীতি' নামৰ সুবৃহৎ গ্ৰন্থখনি অসমীয়া ভাষাত প্ৰথমবাৰলৈ গুৱাহাটী বিশ্ববিদ্যালয়ৰ হৈ ড° ভবেন্দ্ৰ নাথ শইকীয়াই প্ৰকাশ কৰি অৰ্জন কৰা সাফল্যত উৎসাহিত হৈ পৰৱৰ্তী সময়ত অধ্যক্ষ ডেকা ৰচিত অন্য এখন গুৰুত্বপূৰ্ণ গ্ৰন্থ 'বেংকিং' ড° শইকীয়াই একেদৰে প্ৰকাশ কৰিছিল।

অর্থনীতিৰ প্রথম অসমীয়া অভিধান ৰচোতা অধ্যক্ষ ভৱানন্দ ডেকা

অসমীয়া ভাষাত অর্থনীতি চর্চাৰ বাচকটীয়া গবেষক ৰূপে গ্রন্থ আৰু বিভিন্ন ৰচনা-প্রৱন্ধ লিখিবলৈ লৈ অধ্যক্ষ ডেকাই অর্থনীতি আৰু বাণিজ্য বিষয়ক নির্দিষ্ট শব্দবোৰৰ অসমীয়া প্রতিশব্দ বিচাৰি হাবাথুৰি খাবলগীয়া হৈছিল। সেই ক্ষেত্রত তেখেতক সহায় কৰিব পৰা কোনো অর্থনীতিবিদ ষাঠিৰ দশকৰ অসমত নাছিল। ইংৰাজী মাধ্যমত অর্থনীতি শিক্ষা লৈ অসমত শৈক্ষিক আৰু গবেষণাধর্মী কামত ইতিমধ্যে সোমাই পৰা অন্যান্য অর্থনীতিৰ বিশেষজ্ঞ সকলৰ মাজত থলুৱা ভাষা-সাহিত্যৰ প্রতি সেৱা আগবঢ়োৱাৰ কোনো বিশেষ আগ্রহ বা পৰিকল্পনা পৰিলক্ষিত হোৱা নাছিল। তেনে পৰিস্থিতিতো নিৰুৎসাহিত নহৈ অধ্যক্ষ ভৱানন্দ ডেকাই একান্ত অকলশৰে, নিজৰ ভাষা-সাহিত্য অধ্যয়নৰ অভিজ্ঞতা আৰু অর্থনীতি জ্ঞানকে সাৰথি কৰি, একালত হেমচন্দ্র বৰুৱাই ‘হেমকোষ’ লিখাৰ দৰে, অর্থনীতিৰ পৰিভাষিক শব্দ আৰু সিবোৰৰ অসমীয়া প্রতিশব্দ যুগুত কৰি প্রায় এটা দশক অমানুষিক পৰিশ্রম কৰি ১৯৭০ চনত ‘অর্থনীতি আৰু বাণিজ্য বিজ্ঞানৰ পৰিভাষিক অভিধান’ নামেৰে ইংৰাজীৰ পৰা অসমীয়ালৈ এখন সুবিশাল অভিধান প্রস্তুত কৰি উলিয়ায়। অসমীয়া ভাষাত এনে অসাধাৰণ কাম এককভাবে অন্য কোনো অর্থনীতিৰ বিশেষজ্ঞই কৰাৰ দৃষ্টান্ত নাই । অধ্যক্ষ ভৱানন্দ ডেকাই অসমৰ অর্থনৈতিক চর্চা-গবেষণাৰ ক্ষেত্রলৈ আগবঢ়োৱা এই অসাধাৰণ বৰঙণিৰ বাবে আভিধানিক হিচাপে হেমচন্দ্র বৰুৱাৰ দৰে পথ প্রদর্শকৰ সমানেই সন্মান পোৱাৰ যোগ্য।

অৱশ্যে, অভিধান ৰচি অধ্যক্ষ ডেকাই পোৱা অভিজ্ঞতাৰ সৈতে হেমচন্দ্র বৰুৱাৰ অভিজ্ঞতাৰ অদ্ভুত সাদৃশ্য আছে। জীৱিত কালত যিদৰে গ্রন্থকাৰে ‘হেমকোষ’ ছপা ৰূপত চাই যাবলৈ নাপালে, অর্থনীতিৰ অভিধান ৰচকৰো একে দশাই হ’ল। অসমীয়া ভাষাত অর্থনীতি বিজ্ঞান সম্বন্ধীয় গ্রন্থলানি প্রণয়ন কৰি অধ্যক্ষ ভৱানন্দ ডেকাই অর্জন কৰা প্রসিদ্ধি আৰু প্রদর্শন কৰা বুৎপত্তিৰ পৰিপ্রেক্ষিতত অর্থনীতিৰ বিদ্যার্থী, গবেষক আৰু শৈক্ষিক মহলৰ দাবীত যথেষ্ট পৰিশ্রমৰ অন্তত প্রস্তুত কৰা এই অসাধাৰণ কর্মটিও লোকচক্ষুৰ আঁৰতে থাকি গ’ল। অভিধানখনৰ চুড়ান্ত ৰূপ দিয়া কাম অধ্যক্ষ ডেকাই ১৯৬৮ চনত নতুন দিল্লীত প্রথম অসমীয়া জ্যেষ্ঠ বিষয়া হিচাপে কেন্দ্রীয় লোকসেৱা আয়োগত কার্যনির্বাহ কৰা সময়তে আৰম্ভ কৰিছিল আৰু ১৯৭০ চনত কামটো সমাপন কৰিছিল। ১৯৭২ চনত গুৱাহাটী বিশ্ববিদ্যালয়ে অর্থনীতিকে ধৰি সকলো বিষয়ত উচ্চশিক্ষাৰ মাধ্যম অসমীয়া কৰি অধ্যক্ষ ভৱানন্দ ডেকাৰ হতুৱাই কেবাখনো গ্রন্থ ৰচনা কৰোৱাৰ পৰিপ্রেক্ষিতত এই সুবৃহৎ অভিধানখনো বিশ্ববিদ্যালয়ে প্রকাশ কৰিব বুলি আশা কৰা হৈছিল যদিও অধ্যক্ষ ডেকাৰ এই অসাধাৰণ কর্মক

ভূঁয়সী প্রশংসা কৰিও প্রকাশৰ দায়িত্ব নল'লে। যোৱা প্রায় চাৰি দশক ধৰি এই বিশিষ্ট অভিধানখন অপ্রকাশিত পাণ্ডুলিপি ৰূপতে থকা বাবে অসমীয়া ভাষাত অর্থনীতি চর্চা কৰা বা কৰিবলৈ ওলোৱা ছাত্র-গবেষক বিস্তৰ ক্ষতিৰ সন্মুখীন হৈছে।   অসমীয়া ভাষাৰ বিকাশ আৰু থলুৱা লোকৰ বাবে অর্থনীতি-চর্চাৰ বহল পটভূমি ৰচনাৰ বাবেই অধ্যক্ষ ভৱানন্দ ডেকা ৰচিত অসমীয়া ভাষাৰ এই অর্থনীতিৰ অভিধানখন 'ভৱানন্দ অর্থকোষ' নামেৰে আমি প্রকাশৰ ব্যৱস্থা গ্রহণ কৰিছোঁ।

সৃষ্টিশীল সাহিত্যিক আৰু বৈষ্ণৱ গবেষকৰূপে অধ্যক্ষ ভৱানন্দ ডেকা

অধ্যক্ষ ভৱানন্দ ডেকাৰ ৰুচিৰ ক্ষেত্রখন অর্থনীতি চর্চা বা শৈক্ষিক জীৱনতে সীমাবদ্ধ নাছিল। ভাৰতীয় গদ্য সাহিত্যৰ কাণ্ডাৰী বৈকুণ্ঠনাথ ভাগৱত ভট্টাচার্য বা ভট্টদেৱৰ প্রতিষ্ঠাপিত ঐতিহ্যমণ্ডিত সত্র ব্যাসকুছিত জন্ম গ্রহণ কৰি আশৈশৱ সত্রীয়া সংস্কৃতিময় পৰিবেশত লালিত-পালিত হৈ অসমৰ থলুৱা পৰম্পৰা আৰু লোকসংস্কৃতিৰ লগতে বৈষ্ণৱ সাহিত্যৰ প্রতিও তেখেতৰ গভীৰ নিষ্ঠা আৰু অনুৰাগ গঢ় লৈছিল। সেয়েহে, অর্থনীতি চর্চাৰ সমান্তৰালভাবে তেখেতে বৈষ্ণৱ-সাহিত্য আৰু সত্র-সংস্কৃতিৰ চর্চা আৰু বিকাশৰ বাবেও আজীৱন কাম কৰি গ'ল।

অসমৰ আগশাৰীৰ বৈষ্ণৱ গবেষক-পণ্ডিতৰূপে স্বীকৃত অধ্যক্ষ ডেকাৰ এই দিশত থকা অবদানৰো এক স্বকীয় বৈশিষ্ট আছে। বর্তমান চাৰিটা সংহতিত বিভক্ত হৈ পৰা মহাপুৰুষ শংকৰদেৱৰ সৃষ্ট ঐতিহ্যটোক পুনৰ এটা সোঁতেৰে শক্তিশালী ৰূপত প্রৱাহিত কৰাৰ বাবে তেখেতে চাৰিওটা সংহতি বা পন্থাৰ অনুগামী সকলক একগোট কৰিবলৈ যত্ন কৰিছিল। মহাপুৰুষ শংকৰদেৱৰ, মাধৱদেৱৰ, হৰিদেৱৰ, দামোদৰদেৱৰ, ভট্টদেৱৰ প্রভৃতি গুৰুসকলে যে একে মতবাদকে প্রচাৰ কৰিছিল, আৰু পৰবর্তী কালত হে তেৰাসবৰ মতবাদৰ অপব্যাখ্যা হৈ হৈ আহি বিভিন্ন সংহতিৰ অনুগামীয়ে পৃথক ধৰণ-কৰণ মানিবলৈ লৈছে, অধ্যক্ষ ডেকাই সেই কথা কৃতিত্বৰে সাব্যস্ত কৰি থৈ গৈছে। তেখেতে কেউগৰাকী মহাপুৰুষৰে সমগ্র সাহিত্যৰাজী অধ্যয়ন কৰি তাৰে আলমত অজস্র গবেষণা-পত্র আৰু নিৱন্ধ লিখি মহাপুৰুষ কেইগৰাকীৰ মতবাদৰ সাদৃশ্য প্রমাণ কৰিছে। অধ্যক্ষ ভৱানন্দ ডেকাই অসমৰ একমাত্র গবেষক-সাহিত্যিক, যি আটাই কেইগৰাকী মহাপুৰুষৰে সুকীয়া সুকীয়া জীৱনী গ্রন্থাকাৰে ৰচনা আৰু প্রকাশ কৰাৰ উপৰিও গুৰু কেই জনাৰ সাহিত্যৰ তুলনামূলক বিশ্লেষণ কৰি অনুগামীসকলৰ মনত উদয় হোৱা ভ্রান্ত আৰু অমূলক ধাৰণাবোৰ দূৰ কৰিবলৈ সক্ষম হৈছিল। অসমৰ সকলো বৈষ্ণৱ অনুগামীক সাহিত্যৰ মাজেৰে ঐক্যবদ্ধ কৰাত অধ্যক্ষ ডেকাই এক সুদূৰপ্রসাৰী ভূমিকা

পালন কৰি গ'ল।

তেখেতে বৈষ্ণৱ সাহিত্যৰ গৱেষণাৰ মাজেৰে প্ৰকৃত সত্য উদঘাটন কৰি আটাই কেইজনা গুৰুকে সমানৰ আসন দি যোৱাৰ লগতে সেই গুৰুসকলৰ সৃষ্ট ধৰ্ম, পৰম্পৰা, সাহিত্য আৰু সংস্কৃতি আপডাল কৰি ধৰি ৰাখি কেবা শতাব্দী পাছৰ প্ৰজন্মৰ বাবেও সহজলভ্য কৰি ৰখাত প্ৰচুৰ অৱদান আগবঢ়োৱা গুৰুসকলৰ অনুৰাগী আৰু অনুগামী সকলো সন্ত-মহন্তৰো জীৱনী ৰচনা কৰি গৈছে। তেনে জীৱনীৰ প্ৰথমখন গ্ৰন্থ 'কথা-গুৰুচৰিতৰ সন্ত-মহন্ত' ২০০৩ চনতে প্ৰকাশ পাই গৈছে। এনেদৰে, একনিষ্ঠ, নিৰৱ কৰ্মীসকলক পোহৰলৈ আনি মহাপুৰুষ সৃষ্ট ঐতিহ্যৰ ভিত্তি শক্তিশালী কৰাত অধ্যক্ষ ডেকাৰ প্ৰচুৰ অৱদান আছে। ইয়াৰ উপৰিও, অসমৰ সকলো সত্ৰৰ বিস্তাৰিত বিবৰণ দি 'দৈনিক অসম' কাকতত 'অসমৰ জন-জীৱনত সত্ৰ' নামেৰে এলানি স্তম্ভলেখা প্ৰকাশ কৰি অধ্যক্ষ ভৱানন্দ ডেকাই সত্ৰীয়া পৰম্পৰাক নথিভুক্ত কৰি অন্য এটা দায়িত্বশীল কাম কৰি গৈছে। এই লানি নিৰদ্ধ গ্ৰন্থাকাৰে প্ৰকাশ হ'লে অসমৰ সকলো সত্ৰৰ বিৱৰণ একেলগে পাব পৰা সমল-গ্ৰন্থ এখন হৈ পৰিব।

তেখেতে বৈষ্ণৱ-সাহিত্যৰ সুবাস আৰু মহাপুৰুষ সকলৰ জীৱনৰ কথা বিশ্বজুৰি বিয়পাই দিবলৈ বৰ হেঁপাহ কৰিছিল। সেয়েহে তেখেতে অসমীয়াৰ লগতে ইংৰাজী ভাষাতো ভালেমান প্ৰবন্ধ-ৰচনা লিখি প্ৰকাশ কৰিছিল। 'শ্ৰীমন্ত শংকৰদেৱ' নামেৰে মহাপুৰুষৰ ইংৰাজী জীৱনী গ্ৰন্থ এখন লিখাৰ উপৰিও শঙ্কৰী-সাহিত্যৰ ওপৰত তেখেতে সুকীয়াকৈ বহুকেইটা ইংৰাজী প্ৰবন্ধ লিখিছে। অসমীয়া ৰাইজৰ পৰম সম্পদৰূপে স্বীকৃত মহাপুৰুষ শ্ৰীমন্ত শংকৰদেৱৰ 'কীৰ্তন ঘোষা' পুথিখনৰ ইংৰাজী গদ্য অনুবাদ কৰি তেখেতে সাহিত্যিক হিচাপে এক মহৎ কৰ্তব্য সম্পাদন কৰি গৈছে। 'কীৰ্তন ঘোষা'ৰ ইংৰাজী অনুবাদ গ্ৰন্থখন ছপা হৈ ওলালে গুৰুজনাৰ সাহিত্যিক প্ৰতিভা বিশ্বজুৰি প্ৰচাৰ হোৱাৰ লগতে নিষ্ঠাৱান গৱেষক অধ্যক্ষ ভৱানন্দ ডেকাৰো অনুবাদ-কৰ্মই প্ৰাপ্য স্বীকৃতি লাভ কৰিব।

বৈষ্ণৱ সাহিত্য জগততে তেখেতৰ সাহিত্য-কৰ্ম সীমাবদ্ধ নহয়। অসমৰ আৰ্থ-সামাজিক দিশ, গ্ৰাম্য জীৱন, দৰ্শন, প্ৰত্নতত্ব, বিভিন্ন জনগোষ্ঠীৰ ওপৰত নৃতাত্ত্বিক অধ্যয়ন প্ৰভৃতি বিষয়ত অজস্ৰ গ্ৰন্থ আৰু প্ৰবন্ধ, উল্লেখনীয় ব্যক্তিৰ জীৱনী, পৌৰাণিক বিষয় আধাৰিত নাটক, শৈক্ষিক জগত কেন্দ্ৰিক প্ৰবন্ধ, সাহিত্য-সমালোচনাকে ধৰি অজস্ৰ বিষয়ত তেখেতৰ সাহিত্যিক অৱদান আছে। কামাখ্যা মন্দিৰকে ধৰি অসমৰ সকলো ধৰ্মীয় মঠ-মন্দিৰ প্ৰত্নতাত্ত্বিক অধ্যয়নেৰে অধ্যক্ষ ডেকাই যিদৰে 'পুণ্য ভূমি অসম'ৰ দৰে গ্ৰন্থ ৰচনা কৰিছে, সেইদৰে ৰামৰ বংশটোৰ কাহিনীৰে ৰঘুবংশ; ধ্ৰুৱ,

অভিমন্যু, অনিৰুদ্ধৰ কাহিনীৰে পৌৰাণিক নাটক; হাজং জনগোষ্ঠী, লালুং বা তিৱা জনগোষ্ঠী, কাৰ্বি জনগোষ্ঠী আৰু ডিমাছা জনগোষ্ঠীৰ বিষয়ে ক্ষেত্ৰভিত্তিক অধ্যয়নৰ ভিত্তিত সুকীয়া নৃতাত্ত্বিক গ্ৰন্থ; বৈষ্ণৱ গুৰুসকলৰ উপৰিও ডিম্বেশ্বৰ নেওগ, মাদাৰ টেৰেছা, নলিনীবালা দেৱী, বিষ্ণুৰাম মেধি, দাদাভাই নৌৰজী, শ্বহীদ উধম সিং প্ৰভৃতিৰ জীৱনীমূলক গ্ৰন্থ; 'ধৰ্মতত্ত্ব' আৰু 'মোৰ জীৱন-দৰ্শন'ৰ দৰে গভীৰ দাৰ্শনিক গ্ৰন্থ; আত্মজীৱনী 'স্মৃতিৰ পাপৰি' প্ৰভৃতি ভালেসংখ্যক উল্লেখযোগ্য গ্ৰন্থ ৰচনা কৰি গৈছে।

১৯৪৮ চনতে বৰপেটা চৰকাৰী হাইস্কুলৰ প্ৰথমখন ছপা আলোচনী 'আমি'ৰ সম্পাদনা কৰাৰ অভিজ্ঞতা নৱম শ্ৰেণীৰ ছাত্ৰ হিচাপে তেখেতে অৰ্জন কৰিছিল। পাছলৈ নিজে কলেজত অধ্যাপনা কৰিবলৈ সোমাই একান্ত সাহিত্য-প্ৰীতিৰ তাগিদাতে অন্য ব্যস্ততাৰ মাজতো তেখেতে অন্য এজন বিশিষ্ট সাহিত্যিক অধ্যাপক ৰামমল ঠাকুৰীয়াৰ সৈতে যৌথভাৱে সম্পাদনা কৰি 'উদয়গিৰি' নামেৰে আলোচনী এখন প্ৰকাশ কৰিছিল। সেই আলোচনীত সেইকালৰ অসমৰ প্ৰায়সকল জ্যেষ্ঠ-কনিষ্ঠ সাহিত্যিকৰ লেখা প্ৰকাশ পাইছিল।

গদ্য-সাহিত্য ৰচনাৰ ফাঁকে ফাঁকে তেখেতে চখতে কিছু কবিতাও লিখিছিল। দিল্লীত থাকোতে লিখা 'পূৱলৈ মুখ কৰি যমুনা তীৰৰ পৰা' তেখেতৰ বিখ্যাত কবিতা। 'আৱাহন' আৰু 'ৰামধেনু' যুগতে তেখেতৰ ভালেমান কবিতা প্ৰকাশ পাইছিল। তাৰে কিছু পাছলৈ 'মণিমুক্ধ' আৰু 'মোৰ কবিতা' কাব্যগ্ৰন্থত সংকলিত হৈছে।

অৰ্থনীতিক হৈয়ো অসমৰ সাহিত্য ক্ষেত্ৰলৈ এনেদৰে আগবঢ়োৱা উল্লেখযোগ্য অৰদানৰ বাবে জীৱনকালতে অধ্যক্ষ ডেকাই ৰজাঘৰ-প্ৰজাঘৰৰ পৰা প্ৰাপ্য সন্মান লাভ কৰিছে। তেখেতৰ সাহিত্যিক অৰদানৰ স্বীকৃতিৰে ১৯৮২-৮৩ চনত অবিভক্ত কামৰূপ জিলা সাহিত্য সভাৰ অন্তিম সভাপতিৰ পদত তেখেতক অভিষিক্ত কৰোৱা হৈছিল। অসম চৰকাৰেও ১৯৯৭ চনত ভাৰতবৰ্ষৰ স্বাধীনতাৰ সোণালী জয়ন্তীত সাহিত্যিক অনুদান আৰু ২০০৪ চনত সাহিত্যিক পেঞ্চনেৰে তেখেতক দুবাৰকৈ সন্মানিত কৰিছিল।

বহিৰ্বিশ্বত অসমীয়া ভাষা-সাহিত্যৰ প্ৰচাৰক অধ্যক্ষ ভৱানন্দ ডেকা

ব্যক্তিগত স্তৰত সাহিত্যিক কৰ্মাৱলীৰে অসমীয়া ভাষা-সাহিত্যৰ জগতলৈ আগবঢ়োৱা অৰদানতে সন্তুষ্ট নাথাকি অধ্যক্ষ ভৱানন্দ ডেকাই অসমৰ বাহিৰতো অসমীয়া ভাষা-সাহিত্যৰ গৰিমা প্ৰতিষ্ঠাৰ অৰ্থে কেবাটাও গুৰুত্বপূৰ্ণ কাম কৰি গৈছে। 'কীৰ্তন ঘোষা'ৰ দৰে কালজয়ী ধ্ৰুপদী গ্ৰন্থৰ অনুবাদ কিম্বা তেখেতৰ ইংৰাজী গ্ৰন্থ আৰু ৰচনাবোৰ

তাৰে এটা স্তৱ আছিল। কিন্তু প্রশাসনিক স্তৱতো তেখেতে নিজৰ ক্ষমতা আৰু নেৱানেপোৱা পৰিশ্রমেৰে প্রভাৱ বিস্তাৰ কৰি অসমীয়া ভাষা আৰু সাহিত্যক সর্বভাৰতীয় মর্যাদাৰ আসনত বহুৱাবলৈ সক্ষম হৈছিল।

১৯৬৮ চনত কেন্দ্রীয় লোকসেৱা আয়োগৰ জ্যেষ্ঠ বিষয়াৰ পদবী প্রথমবাৰলৈ এগৰাকী অসমীয়ালৈ আগবঢ়ায় আৰু তেতিয়া গুৱাহাটীৰ প্রাগজ্যোতিষ কলেজত অর্থনীতি বিভাগৰ মূৰব্বীৰূপে কর্মৰত অধ্যক্ষ ভবানন্দ ডেকাক সেই ক্ষমতাশালী উচ্চ পদবীলৈ নির্বাচন কৰি নতুন দিল্লীলৈ লৈ যায়। সেই পদবীৰ কর্তৃত্ব ব্যৱহাৰ কৰি তেখেতে কেন্দ্রীয় লোকসেৱা আয়োগে পৰিচালনা কৰা সর্বভাৰতীয় প্রশাসনিক সেৱাৰ পৰীক্ষাবোৰত অসমীয়া ছাত্র-ছাত্রী সহজে অৱতীর্ণ হ'ব পৰাকৈ অসমীয়া মাধ্যমত পাঠ্যক্রম প্রস্তুত কৰিছিল। তেখেতে কৰি যোৱা সেই গুৰুত্বপূর্ণ প্রশাসনিক কর্মৰ সুফল পৰৱর্তী কালত অনেক প্রতিভাৱান অসমীয়া ছাত্র-ছাত্রীয়ে ল'বলৈ পাইছে, আৰু নিজৰ মাতৃভাষাতে অসমীয়া বিষয় লৈ সর্বভাৰতীয় সেৱাৰ পৰীক্ষাত অৱতীর্ণ হৈ সাফল্য অর্জন কৰি অসমলৈ সুনাম কঢ়িয়াই আনিছে। প্রজন্মৰ পাছত প্রজন্ম ধৰি এনেদৰে সফল হৈ আহি বিভিন্ন গুৰুত্বপূর্ণ চৰকাৰী পদৱীত অধিষ্ঠিত হোৱা তেনে অসমীয়া প্রশাসক সকলে তেওঁলোকৰ সাফল্যত অধ্যক্ষ ভবানন্দ ডেকাৰ পৰোক্ষ অৱিহণাক নিশ্চয় অস্বীকাৰ নকৰিব।

ইয়াৰ উপৰিও, দিল্লীত থকা কালতে তেখেতে দিল্লী নিৰাসী প্রভাৱশালী অসমীয়া কেইগৰাকীমানক সংগঠিত কৰি 'দিল্লী অসমীয়া সাহিত্য সমাজ' নামৰ সংস্থা এটা সৃষ্টি কৰি দিল্লী বিশ্ববিদ্যালয়ৰ উপাচার্য আৰু বিশ্ববিদ্যালয় অনুদান আয়োগৰ অধ্যক্ষক উপযুক্ত তথ্য-পাতিৰে অসমীয়া ভাষা-সাহিত্যৰ সর্বভাৰতীয় গুৰুত্ব সম্বন্ধে পতিয়ন নিয়াই দিল্লী বিশ্ববিদ্যালয়ত অসমীয়া বিভাগ প্রতিষ্ঠা কৰাইছিল; আৰু সেই বিভাগতে 'শ্রীমন্ত শংকৰদেৱ আসন' প্রতিষ্ঠাৰ দাবীৰেও কাম কৰি আহি অতি শেহতীয়াকৈ তাতো প্রায় সাফল্য অর্জন কৰিছিল। অর্থনীতিজ্ঞ হৈয়ো সর্বভাৰতীয় স্তৱত নিজৰ মাতৃভাষাক প্রতিষ্ঠা কৰাৰ হকে অধ্যক্ষ ডেকাই নিৰৱে কৰি যোৱা এনে অসাধাৰণ কামবোৰৰ বাবে অসম আৰু অসমীয়াই তেখেতক চিৰকাল শ্রদ্ধা আৰু কৃতজ্ঞতাৰে সুঁৱৰি থাকিব।

অসমৰ বৈষ্ণৱ গুৰুকেইজনাৰ জীৱন, আদর্শ আৰু কর্মৰাজী বিশ্বজুৰি বিয়পাই দিয়াৰ বাবে ১৯৯৬ চনত 'শ্রীমন্ত শংকৰদেৱ' নামেৰে তথ্যচিত্র নির্মাণত তেখেতে আগভাগ লৈছিল। তথ্যচিত্রখনৰ বাবে সকলো তথ্যপাতি তেখেতে যোগান ধৰিছিল, আৰু শংকৰদেৱৰ দর্শনৰ বিষয়ে অতি পাণ্ডিত্যপূর্ণ বক্তব্য তেখেতৰ কণ্ঠতে উক্ত তথ্যচিত্রত

সংযোজিত হৈছিল। উক্ত তথ্যচিত্ৰখন আমেৰিকা যুক্তৰাষ্ট্ৰ, কানাডা, ইউৰোপ আদি দেশত প্ৰদৰ্শিত হোৱাৰ বাবে তেখেতে নিজাববীয়াকৈ যথেষ্ট যোগাযোগ কৰি দিছিল। এই তথ্যচিত্ৰখনি ছুইজাৰলেণ্ডৰ ৰাষ্ট্ৰীয় সংগ্ৰহালয়ত সংৰক্ষিত হোৱাৰ সমস্ত কৃতিত্বও অধ্যক্ষ ভবানন্দ ডেকাৰ প্ৰাপ্য।

শিক্ষাবিদৰ সাজত জ্ঞানৰ প্ৰসাৰক অধ্যক্ষ ভৱানন্দ ডেকা

অধ্যক্ষ ডেকাই বিভিন্ন ভূমিকাৰে অসমলৈ উল্লেখযোগ্য সেৱা আগবঢ়াই গ'লেও তেখেতে নিজকে এজন শিক্ষাবিদ হিচাপে হে পৰিচয় দিবলৈ ভাল পাইছিল। শিক্ষকতা তেখেতৰ বাবে কেৱল বৃত্তিয়েই নাছিল, এই মাধ্যমটোক তেখেতে জীৱনৰ প্ৰতিটো ক্ষেত্ৰতে সংপৃক্ত কৰি লৈছিল। শৈশৱৰ কালতে আকস্মিক পিতৃ বিয়োগে তেখেতৰ ছাত্ৰ জীৱনত বিপৰ্যয় অনা সত্ত্বেও উচ্চশিক্ষাৰ হাবিয়াস ত্যাগ নকৰি স্নাতক আৰু স্নাতকোত্তৰ ডিগ্ৰী লোৱাৰ ফাঁকে ফাঁকে বিভিন্ন হাইস্কুলত শিক্ষকতা কৰি নিজৰ পঢ়াৰ খৰচ যোগাৰ কৰিব লগা হোৱা সেই দুৰ্যোগৰ কালছোৱাতে শিক্ষকতা বৃত্তিৰ সৈতে তেখেতৰ সম্বন্ধ ঘটে। পাছলৈ গুৱাহাটীৰ আৰ্য বিদ্যাপীঠ কলেজত অধ্যাপনা আৰম্ভ কৰি প্ৰাগজ্যোতিষ কলেজত অৰ্থনীতিৰ মুৰব্বী পদৱী অধিকাৰ কৰিছিল, আৰু সেই কলেজখনৰে অধ্যক্ষ হিচাপে কাৰ্যনিৰ্বাহ কৰি সুদৃঢ় আৰু কঠোৰ নিয়মানুবৰ্তি প্ৰশাসক হিচাপেও পৰিচয় দিবলৈ সক্ষম হৈছিল। ১৯৯২ চনত প্ৰাগজ্যোতিষ কলেজৰ অধ্যক্ষ পদৰ পৰা পৰিণত বয়সত অৱসৰ লোৱালৈকে সুদক্ষ শিক্ষক আৰু প্ৰশাসক হিচাপে তেখেতৰ খ্যাতি অসমজুৰি বিয়পি গৈছিল। তাৰে ফলশ্ৰুতিতেই উজনিৰ টিয়কৰ জাঁজী নৈৰ পাৰৰ ৰাইজে নতুন কলেজ গঢ়িবলৈ লৈ তেখেতক প্ৰতিষ্ঠাপক অধ্যক্ষৰ পদ যাঁচি নিয়াৰ দৰে নামনিৰো হাজোৰ শিক্ষক প্ৰশিক্ষণ কলেজ, বৰকাপলাৰ সৰুক্ষেত্ৰী জুনিয়ৰ কলেজ প্ৰভৃতিৰ প্ৰতিষ্ঠাপক অধ্যক্ষৰ আসন তেখেতে বহু বছৰ ধৰি শুৱনি কৰি এনে ভিতৰৰুৱা গ্ৰামাঞ্চলবোৰতো উচ্চশিক্ষা বিস্তাৰত প্ৰচুৰ অৰিহণা যোগাইছিল। তেখেতে অধ্যাপনা জীৱনৰ আদিকালতে নিজৰ জন্মস্থান ব্যাসকুছি সত্ৰ সামৰি লোৱা সৰুক্ষেত্ৰী সমষ্টিৰ প্ৰথমখন উচ্চ শিক্ষানুষ্ঠান 'বাপুজী কলেজ, সৰুক্ষেত্ৰী'ৰো প্ৰতিষ্ঠাপক অধ্যক্ষৰূপে ষাঠিৰ দশকৰ শেহৰফালে কাৰ্যনিৰ্বাহ কৰি নিজৰ অঞ্চলৰ উঠি অহা নিঃসম্বল ছাত্ৰ-ছাত্ৰীৰ বাবে উচ্চ শিক্ষা সহজলভ্য কৰি তুলিবলৈ সক্ষম হৈছিল।

শিক্ষকতাৰ হেঁপাহ তেখেতৰ ইমানেই প্ৰবল হৈ আছিল যে ষাঠিৰ দশকৰ শেহৰ ফালে নতুন দিল্লীত কেন্দ্ৰীয় স্তৰৰ প্ৰথম শ্ৰেণীৰ বিষয়াৰূপে লোভনীয় পদত অধিষ্ঠিত হৈ কৰা কামেৰে প্ৰশাসকৰূপে সৰবৰহী হৈ উঠাৰ পাছতো সেই পদ হেলাৰঙে এৰি

থৈ অসমলৈ উভতি আহি তেনেই সহজ-সৰল শিক্ষকৰ জীৱন-যাপন কৰি ছাত্র-ছাত্রীক নগণ্য বেতনৰ বিনিময়ত পাঠদান কৰি ব্যক্তিগত স্তৰত শান্তিময় জীৱন কটাইছিল। কর্তব্যৰ আহ্বানত প্রশাসকৰ পদবী গ্রহণ কৰিলেও সেই প্রশাসনিক ক্ষমতাখিনি উপযুক্ত ক্ষেত্রত সর্বশক্তিৰে প্রয়োগ কৰি আশান্বিত ফলাফল আদায় কৰিবলে সক্ষম হৈছিল। কর্তব্য সম্পাদন হোৱাৰ পাছত তেনে প্রশাসনিক পদতেই নিৰুদ্দেগচিত্তে বহু বছৰলৈকে কার্যনির্বাহ কৰি যোৱাৰ সুযোগ আছিল যদিও শিক্ষকতা বৃত্তি আকৌ আঁকোৰালি লোৱাৰ হেঁপাহত প্রশাসনিক পদবীৰ সা-সুবিধাবোৰ এৰি থৈ আহিবলৈ তেখেতে কাহানিও কুণ্ঠাবোধ নকৰিছিল।

অধ্যক্ষ ভৱানন্দ ডেকাক শিক্ষকৰূপে পোৱা কোনো বিদ্যার্থী বা সহকর্মীয়ে তেখেতক পাহৰিব নোৱাৰে। শিক্ষক এজনৰ ব্যক্তিগত জীৱন অতি নিকা, সৰল আৰু স্বচ্ছ হ'ব লাগে বুলি তেখেতে গভীৰভাৱে বিশ্বাস কৰিছিল। সেয়েহে আজীৱন দগধা খদ্দৰৰ চুৰীয়া-পাঞ্জাৱী পিন্ধি, খোজকাটি আৰু বাছতে ভ্রমণ কৰি, নিজৰ তিনিওজন পুত্রকে চৰকাৰী বিদ্যালয়ত অন্য দীন-দুখীৰ সন্তানৰ সৈতে অসমীয়া মাধ্যমতে শিক্ষা গ্রহণৰ ব্যৱস্থা কৰি দি, আশ্রমৰ দৰে আড়ম্বৰবর্জিত অকমানি এটা বাসভৱনতে জীৱন পাৰ কৰি দি তেখেতে আদর্শ শিক্ষকৰ জীৱন কটাইছিল। অর্থনীতিৰ প্রথম অসমীয়া গ্রন্থকাৰ হিচাপে অর্জা সুখ্যাতি আৰু শ্রেণীকোঠাৰ জনপ্রিয় শিক্ষকৰূপে থকা শুভ-ইচ্ছাৰ বলতেই অনেক শিক্ষানুষ্ঠানৰ বিদ্যার্থীও তেখেতৰ ওচৰ চাপি ব্যক্তিগত টিউচনৰ বাবে অনুৰোধ জনাইছিল যদিও, তেখেতে টিউচন কৰি ধন ঘটাতো শিক্ষক এজনৰ পক্ষে বৰ ঘৃণনীয় কার্য বুলি গণ্য কৰিছিল বাবে তেনেদৰে অহা বিদ্যার্থীৰ পৰা কোনো মাছুল নোলোৱাকৈয়ে আজৰি পৰত বিনামূলীয়াকৈ পাঠদান কৰিছিল।

শিক্ষা বিতৰণৰ বাবে এনেদৰে ধন আৰু উচ্চ পদবীৰ প্রলোভন এৰি অহা উদাহৰণ আমাৰ সমাজত তেনেই তাকৰ। অধ্যক্ষ ভৱানন্দ ডেকাই তেখেতৰ নিৰৱ জীৱন-দর্শন আৰু নীতিৰে শিক্ষাবিদ হিচাপে আনৰ অনুকৰণযোগ্য এক অনন্য দৃষ্টান্ত প্রতিষ্ঠা কৰি গৈছে।

সমাজকর্মীৰূপে অধ্যক্ষ ভৱানন্দ ডেকা

অনেকে হয়তো প্রশ্ন কৰিব, সাহিত্যিক-গৱেষক-শিক্ষাবিদ-প্রশাসকৰূপে এনে ব্যস্ত জীৱন কটাই প্রচুৰ অৱদানেৰে সমাজক চহকী কৰি যোৱা ব্যক্তি এগৰাকীয়ে আকৌ সুকীয়াকৈ সমাজ-সেৱা কৰাৰ প্রয়োজন থাকে জানোচু তাৰ উত্তৰত জনাব খুজিছোঁ যে শৈক্ষিক-বিদ্যায়তনিক কামবোৰৰ মাজে মাজে তেখেতে নিচেই কাষতে পোৱা

সমাজখনৰ সৰু সৰু প্রয়োজনবোৰলৈকো মন দিছিল, আৰু নিজৰ কর্তব্য বুলি ভবামতে কামো কৰি গৈছিল। নিজৰ জন্মস্থান ব্যাসকুছি সত্ৰৰ ঐতিহ্য গৌৰৱময় ৰূপত পুনৰ প্রতিষ্ঠাৰ বাবে তেখেতে জীৱনৰ আগভাগতে সত্ৰৰ ৰাইজক একগোট কৰি 'ব্যাসকুছি ভট্টদেৱৰ মিলন সমিতি' নামৰ অনুষ্ঠান গঢ় দিছিল আৰু যোৱা অর্ধশতিকাৰো অধিককাল ধৰি এই সমিতিয়ে প্রতিবছৰে সত্ৰৰ প্রতিষ্ঠাপক মহাপুৰুষ ভট্টদেৱৰ গদ্য-সাহিত্যৰাজীৰ চর্চা আৰু বিকাশৰ বাবে অতি বিশাল পৰিসৰত ব্যাসকুছিত সভা পাতি আহিছে। সত্ৰৰ চৌপাশে আগুৰি থকা কাপলা বিলৰ মাছ বিক্রীৰ পৰা আয় হোৱা ধনেৰে সমিতিয়ে স্বনির্ভৰশীলতাৰে সত্ৰ পৰিচালনা কৰাৰ ব্যৱস্থাও তেখেতে কৰি থৈ গৈছে।

অসমৰ ঐতিহ্য আৰু সংস্কৃতি বিশ্বজুৰি প্রচাৰৰ অর্থে ১৯৯৮ চনত 'অসম ফাউণ্ডেছন-ইণ্ডিয়া' আৰু 'শ্রীমন্ত শংকৰদেৱ আন্তর্জাতিক প্রতিষ্ঠান' নামৰ দুটা স্বেচ্ছাসেৱী সংগঠন সৃষ্টি কৰাতো অধ্যক্ষ ডেকাই অগ্রণী ভূমিকা গ্রহণ কৰিছিল। ১৯৯৯-২০০২ বর্ষ কেইটাত তেখেত শংকৰদেৱ প্রতিষ্ঠানটোৰ উপ-সভাপতি আৰু ২০০২-০৬ বর্ষ কেইটাত কার্যকৰী সভাপতিৰূপে কার্য নির্বাহ কৰিছিল। আনহাতে, অসম ফাউণ্ডেছনৰ তেখেতে প্রতিষ্ঠাপক সঞ্চালক আৰু ২০০২-০৫ বর্ষ কেইটাত অধ্যক্ষৰূপে কার্য নির্বাহ কৰিছিল।

গুৱাহাটীৰ পূৱ শৰণীয়াতো স্থানীয় লোকৰ সহযোগিতাত তেখেতে দুবিঘা মাটিৰ এটা চৌহদ উর্বশী সংগীত বিদ্যালয় নামৰ এখন শিক্ষানুষ্ঠানৰ নামত দানৰূপে আদায় কৰি সেই চৌহদতে উক্ত সংগীত বিদ্যালয়ৰ অধীনত কেৱল মহিলাৰ দ্বাৰা পৰিচালিত এটা নামঘৰ, এখন মহিলা সমিতি, এটা শিশু সদন, এখন সাহিত্য চ'ৰা, এখন চিত্রাংকন বিদ্যালয়, এটা কৃষ্টি কেন্দ্র আৰু এটা গ্রন্থাগাৰ প্রতিষ্ঠা কৰি গুৱাহাটীৰ কেন্দ্রতো এটা সংস্কৃত আৰু অধ্যয়নশীল বাতাবৰণ সৃষ্টি কৰি গৈছে।

তেখেতে গুৱাহাটী বিশ্ববিদ্যালয়ৰ পৰীক্ষা-প্রক্রিয়া সংশোধন সংক্রান্তীয় সমিতিৰ সদস্যৰূপে কার্যনির্বাহ কৰাৰ উপৰি অসমৰ অর্থনীতিজ্ঞসকলক একত্রিত কৰি 'অসম ইক'ন'মিক এছোছিয়েছন' নামৰ সংস্থা এটিৰো প্রতিষ্ঠাপক সম্পাদকৰূপে কার্যনির্বাহ কৰিছিল। শেহলৈ তেখেত গুৱাহাটী কলেজৰ পৰিচালনা সমিতিৰ সভাপতি হৈ আছিল।

অধ্যক্ষ ভৱানন্দ ডেকাৰ বিচিত্র জীৱনৰ আধাৰত উপন্যাস আৰু চলচ্চিত্র

অধ্যক্ষ ভৱানন্দ ডেকাই জীৱনত সম্পদ আৰু দাৰিদ্র সমানে দেখিছে। বৈষয়িক প্রাপ্তিৰ প্রতি তেখেত নিস্পৃহ হৈ আছিল। খ্যাতি আৰু সাফল্যৰ শীর্ষত উপনীত হৈয়ো তেখেতে নিৰৱ সাধকৰ দৰে জীৱন-যাপন কৰিবলৈ ভাল পাইছিল। পঞ্চাশৰ দশকতে কটন কলেজ ছাত্র ইউনিয়নৰ সাধাৰণ সম্পাদকৰ গুৰুদায়িত্ব বহন কৰি অসমৰ শৈক্ষিক

আৰু সামাজিক জীৱনত পৰিচিত হৈ উঠাৰ পৰা জীৱনৰ শেষ সময়লৈকে তেখেতে মূলতঃ এটা সমজুৱা জীৱনকে যাপন কৰিলে। আত্মগৰিমা জাহিৰ কৰাৰ প্ৰৱণতা তেখেতৰ একেবাৰে নাছিল। সেয়েহে, অসমৰ বাবে প্ৰচুৰ বৌদ্ধিক আৰু সামাজিক অৱদান আগবঢ়ায়ো তেখেতে প্ৰাপ্য স্বীকৃতি লাভ নকৰিলে। কিন্তু অতি আশ্চৰ্যকৰভাবে, তেখেতৰ জীৱনৰ দুটা দশকৰ ঘটনাবহুল কাহিনীৰে ৰচিত এখন উপন্যাস 'ভৰ আনন্দ সংবাদ' এক উল্লেখনীয় সাহিত্য-কৃতি হিচাপে স্বীকৃতি দি অসম প্ৰকাশন পৰিষদে পুৰস্কৃত কৰি দৰাচলতে উপন্যাসৰ নায়কজনৰ অসাধাৰণ জীৱন-শৈলীকে স্বীকৃতি দিছে।

এই মহান অসমীয়াগৰাকীৰ প্ৰেৰণাউদ্দীপক জীৱন-পৰিক্ৰমাই অসমৰ থলুৱা জীৱনচৰ্যাৰ প্ৰতি শ্ৰদ্ধাশীল নতুন প্ৰজন্মক শতাব্দীৰ পাছত শতাব্দী ধৰি উদ্বুদ্ধ কৰি ৰাখিব বুলি আন্তৰিক আশাৰে তেখেতৰ জীৱন আৰু ঐতিহাসিক কৰ্মৰাজীৰ আধাৰত সম্প্ৰতি এখন পূৰ্ণদৈৰ্ঘৰ চলচ্চিত্ৰ নিৰ্মাণকাৰ্য প্ৰায় নিৰৱে চলি আছে। চলচ্চিত্ৰখনৰ নামকৰণ কৰা হৈছে 'পট্ৰেট অৱ আ পায়োনিয়াৰ আছামিজ'। লগতে, ডঃ ভূপেন হাজৰিকা আৰু অধ্যক্ষ ভৱানন্দ ডেকাৰ নিবিড় বন্ধুত্ব আৰু সৃষ্টিশীলতাৰ প্ৰতি শ্ৰদ্ধাঞ্জলিৰে এখন চুটি তথ্যচিত্ৰ 'টু লিজেণ্ডছ টু পায়োনিয়াৰ্ছ' নামেৰেও ডিভিডিত নিৰ্মাণ কৰা হৈছে। আশা কৰা হৈছে যে এই দুই চলচ্চিত্ৰ তথা তথ্যচিত্ৰই দৃশ্য-শ্ৰব্য মাধ্যমৰ মাজেৰেও তেখেতৰ স্মৃতি উজাগৰ কৰি ৰাখিব।

অসমত অৰ্থনীতি চৰ্চাৰ বাটকটীয়া, শিক্ষাবিদ, সাহিত্যিক অসমৰত্ব অধ্যক্ষ ভৱানন্দ ডেকাই ১৯২৯ চনৰ ১৯ আগষ্ট সোমবাৰে চতুৰ্দশী (পূৰ্ণিমা) তিথিত জন্মগ্ৰহণ কৰিছিল আৰু পৰিণত বয়সতে ২০০৬ চনৰ ৪ ডিচেম্বৰ সোমবাৰে চতুৰ্দশী (পূৰ্ণিমা) তিথিতেই নশ্বৰ দেহা ত্যাগ কৰিলে।

অসমৰত্ন অধ্যক্ষ ভৱানন্দ ডেকাৰ গ্ৰন্থ-সমগ্ৰ

<u>সাহিত্য ঃ</u>

১)	ভক্তি সাহিত্য আৰু ধম্মপদ (১৯৯৪) (গৱেষণা গ্ৰন্থ)

২)	প্ৰৱন্ধ বিচিত্ৰা (১৯৮৯) (প্ৰৱন্ধ সংকলন)

৩)	ভাৰতৰ ধৰ্মীয় সাহিত্য (প্ৰৱন্ধ সংকলন)

৪)	কালজয়ী অসমীয়া বৈষ্ণৱ সাহিত্য (গৱেষণা গ্ৰন্থ)

৫)	বৌদ্ধ সাহিত্য (গৱেষণা গ্ৰন্থ)

৬)	চৰিত্ৰ আৰু নৈতিকতা (ৰচনা সংকলন)

৭)	Srimanta Sankardev's 'KIRTAN GHOSA' (ইংৰাজী গদ্য অনুবাদ)

৮)	'আৰাহন'-'ৰামধেনু'ৰ পাতে পাতে (২০১৩) (প্ৰৱন্ধ সংকলন)

৯)	সৰুক্ষেত্ৰীৰ ৰাইজমেলৰ গীত (গৱেষণা গ্ৰন্থ)

১০)	মনাই ব'ৰাগী আৰু বেজবৰুৱাৰ গীত (গৱেষণা গ্ৰন্থ)

১১)	সৰুক্ষেত্ৰীৰ নৱবৈষ্ণৱ যুগৰ সাহিত্য-সংস্কৃতিৰ ৰূপৰেখা (গৱেষণা গ্ৰন্থ)

১২)	কামৰূপ জিলা সাহিত্য সভাৰ সভাপতিৰ অভিভাষণ (১৯৮৩) (ভাষণ আধাৰিত গ্ৰন্থ)

<u>ঐতিহ্য আৰু প্ৰত্নতত্ত্ব ঃ</u>

১৩)	পুণ্য ভূমি অসম (১৯৭৩) (গৱেষণা গ্ৰন্থ)

১৪)	অসমৰ জাতীয় জীৱনত সত্ৰ (গৱেষণা গ্ৰন্থ)

১৫)	ঐতিহাসিক দৃষ্টিৰে অসম (গৱেষণা গ্ৰন্থ)

১৬)	ভট্টদেৱৰ কীৰ্তিস্তম্ভ ব্যাসকুছি সত্ৰ (১৯৬৯) (গৱেষণা গ্ৰন্থ)

১৭)	ঐতিহ্যমণ্ডিত বেলবাৰী (১৯৭৩) (গৱেষণা গ্ৰন্থ)

১৮)	ব্যাসকুছি সত্ৰ পুনৰুদ্ধাৰৰ কাহিনী (পৰিচয়জ্ঞাপক গ্ৰন্থ)

১৯)	সৰুক্ষেত্ৰীৰ ৰাইজ মেল (গৱেষণা গ্ৰন্থ)

<u>জনগোষ্ঠীয় জীৱন/লোককৃষ্টি ঃ</u>

২০)	উত্তৰ পূৱ ভাৰতৰ হাজং জনগোষ্ঠী (গৱেষণা গ্ৰন্থ)

২১)	হাজং লোক সংগীত (গৱেষণা গ্ৰন্থ)

২২)	কাৰ্বি জনগোষ্ঠী (গৱেষণা গ্ৰন্থ)

২৩)	তিৱা জনগোষ্ঠী (গৱেষণা গ্ৰন্থ)

২৪)	অসমৰ জনগোষ্ঠীয় সংস্কৃতি (গৱেষণা গ্ৰন্থ)

<u>অভিধান ঃ</u>

২৫)	অৰ্থনীতি আৰু বাণিজ্যৰ পৰিভাষিক অভিধান (ইংৰাজী-অসমীয়া)

<u>বিবিধা ঃ</u>

২৬)	চাউলখোৱা নদীৰ পাৰৰ সমাজ-সংস্কৃতি (গৱেষণা গ্ৰন্থ)

২৭) চিন্তা বিচিত্ৰা (ৰচনা সংকলন)

উৎসৱ ঃ

২৮) অসমীয়াৰ জাতীয় উছৱ বিহু (গৱেষণা গ্ৰন্থ)

২৯) অসমৰ দৌল উৎসৱ (গৱেষণা গ্ৰন্থ)

ভ্ৰমণ ঃ

৩০) দিল্লীৰ ডায়েৰী

৩১) মিকিৰ পাহাৰত এভুমুকি

৩২) জাঁজী নৈৰ পাৰে পাৰে

পৌৰাণিক কাহিনী আৰু নাটক ঃ

৩৩) ৰঘুবংশ (১৯৭১) (পূৰ্ণাংগ কাহিনী)

৩৪) অমৃত পুত্ৰ ধ্ৰুৱ (১৯৮৬) (পূৰ্ণাংগ নাটক)

৩৫) সপ্তৰথী (পূৰ্ণাংগ নাটক)

৩৬) ৰূপকোঁৱৰ অনিৰুদ্ধ (পূৰ্ণাংগ নাটক)

কবিতা ঃ

৩৭) মণিমুগ্ধ (১৯৯২)

৩৮) মোৰ কবিতা

৩৯) অধ্যক্ষ ভৱানন্দ ডেকাৰ কবিতা সমগ্ৰ

আত্মকথা ঃ

৪০) মোৰ জীৱন দৰ্শন

৪১) স্মৃতিৰ পাপৰি

৪২) ছাত্ৰ জীৱনৰ স্মৃতি

৪৩) মোৰ শিক্ষকতাৰ অভিজ্ঞতা

দৰ্শন আৰু ধৰ্ম ঃ

৪৪) তিমিৰ ফাৰিয়া বাজ ৰবিৰ কিৰণ (দাৰ্শনিক গ্ৰন্থ)

৪৫) ধৰ্মতত্ত্ব (ধৰ্ম সম্বন্ধীয় পূৰ্ণাংগ গ্ৰন্থ)

৪৬) সমাজ সংস্কাৰক শংকৰদেৱ (দাৰ্শনিক ব্যাখ্যামূলক গ্ৰন্থ)

৪৭) অসমৰ মহাপুৰুষসকলৰ লগত চৈতন্যদেৱৰ সম্পৰ্ক (ধৰ্মীয় তুলনামূলক গ্ৰন্থ)

৪৮) তেন ত্যক্তেন ভুঞ্জিথা (জীৱন লালসা) (দৰ্শন সম্বন্ধীয় গ্ৰন্থ)

৪৯) অদ্বৈতবাদ ঃ শংকৰদেৱৰ আৰু শংকৰাচাৰ্যৰ মতৰ তুলনামূলক অধ্যয়ন (দৰ্শন)

৫০) বুদ্ধদেৱ আৰু শংকৰদেৱ (ধৰ্মীয় তুলনাত্মক গ্ৰন্থ)

৫১) অসমীয়া বৈষ্ণৱ ধৰ্মত জাতীয় সমন্বয় (সমালোচনাত্মক গ্ৰন্থ)

৫২) শংকৰদেৱৰ দাৰ্শনিক পটভূমি (দৰ্শন সম্বন্ধীয় গ্ৰন্থ)

৫৩) আধুনিক পটভূমিত শংকৰদেৱ (দৰ্শন সম্বন্ধীয় গ্ৰন্থ)

৫৪) অসমৰ সত্ৰ সংস্কৃতি (ধৰ্ম সম্বন্ধীয় গ্ৰন্থ)

৫৫) অসমৰ বৈষ্ণৱ ধৰ্মৰ চাৰিজনা গুৰুৰ মত (ধৰ্ম সম্বন্ধীয় প্ৰৱন্ধ সংকলন)

৫৬) ব্যাসকুছি সত্ৰৰ প্ৰসংগ প্ৰণালী (ধৰ্ম সম্বন্ধীয় গ্ৰন্থ)

৫৭) Budhadev & Sankardev : A comparative study (ধৰ্ম সম্বন্ধীয় গ্ৰন্থ)

অৰ্থনীতি ঃ

৫৮) অসমৰ অৰ্থনীতি (১৯৬৩) (গৱেষণা গ্ৰন্থ)

৫৯) অসমৰ অৰ্থনৈতিক সমস্যা আৰু সমাধান (গৱেষণা গ্ৰন্থ)

৬০) ৫ শতিকাৰ অসমৰ অৰ্থনীতি (২০১৩) (গৱেষণা পত্ৰ সংকলন)

৬১) অসমৰ চৰ অৰ্থনীতি (গৱেষণা গ্ৰন্থ)

৬২) শংকৰদেৱ আৰু গান্ধীৰ অৰ্থনীতি (গৱেষণা গ্ৰন্থ)

৬৩) অসমৰ গ্ৰাম্য অৰ্থনীতি (গৱেষণা গ্ৰন্থ)

৬৪) আৰ্থ-সামাজিক দৃষ্টিৰে গুৱাহাটী (গৱেষণা গ্ৰন্থ)

৬৫) Some Economic Aspects of Assam (গৱেষণা গ্ৰন্থ)

৬৬) অৰ্থ আৰু শিল্প (প্ৰৱন্ধ সংকলন)

৬৭) অৰ্থনৈতিক উন্নয়ন আৰু পৰিকল্পনা (১৯৮৬) (গৱেষণা গ্ৰন্থ)

৬৮) ভাৰতীয় অৰ্থনীতিত আলোকপাত (প্ৰৱন্ধ সংকলন)

৬৯) ভাৰতৰ উন্নয়ন আৰু পৰিকল্পনা (১৯৮৬) (গৱেষণা গ্ৰন্থ)

৭০) ভাৰতীয় অৰ্থনীতি (দুটা খণ্ড) (১৯৭৪) (পাঠ্যপুথি)

৭১) অৰ্থবিজ্ঞান (১৯৬৩) (পাঠ্যপুথি)

৭২) পৌৰবিজ্ঞান আৰু অৰ্থবিজ্ঞান (দুটা খণ্ড) (১৯৬০) (পাঠ্যপুথি)

৭৩) ৰাজহ বিজ্ঞান (১৯৬৪) (পাঠ্যপুথি)

৭৪) বেংকিং (১৯৭৭) (পাঠ্যপুথি)

৭৫) ভাৰতৰ বেংক ব্যৱস্থা (১৯৬৯) (পাঠ্যপুথি)

৭৬) Elements of Economics (১৯৬৩) (পাঠ্যপুথি)

৭৭) Elements of Indian Economics (১৯৬৩) (পাঠ্যপুথি)

৭৮) Studies of Economic Theory (১৯৬৪) (পাঠ্যপুথি)

৭৯) Foundation Course (১৯৮৬) (পাঠ্যপুথি)

৮০) Elements of Civics (১৯৬৩) (পাঠ্যপুথি)

৮১) Economic Theory & Indian Economics (১৯৭৭)(পাঠ্যপুথি)

৮২) Industrialisation of Assam (১৯৬১) (গৱেষণা গ্ৰন্থ)

ৰাজনীতি ঃ

৮৩) গণতন্ত্ৰ আৰু জনমত (ৰচনা সংকলন)

৮৪) ভাৰতৰ সংবিধান (১৯৬১) (গৱেষণা গ্ৰন্থ)

৮৫) ৰাষ্ট্ৰসংঘৰ চনদ (১৯৭২) (পৰিচয়মূলক গ্ৰন্থ)

৮৬) ৰাজনীতি বিজ্ঞান (১৯৭৭) (পাঠ্যপুথি)

৮৭)   Elements of Political Science (১৯৬৩) (পাঠ্যপুথি)

জীৱনী ঃ

৮৮)   Srimanta Sankardev (২০০৩) (ইংৰাজী সমালোচনাত্মক জীৱনী)

৮৯)   শ্ৰীশ্ৰীদামোদৰদেৱ (১৯৮৯) (সমালোচনাত্মক জীৱনী)

৯০)   ভট্টদেৱ (১৯৮৯) (সমালোচনাত্মক জীৱনী)

৯১)   মাদাৰ টেৰেছা (২০০২) (পূৰ্ণাংগ জীৱনী)

৯২)   ভাওৱাথেৰ বংশ আৰু বালিৰাম পাঠক (১৯৮৮) (পূৰ্ণাংগ জীৱনী গ্ৰন্থ)

৯৩)   মহাপুৰুষৰ কথা ঃ কথা গুৰুচৰিতৰ সন্ত মহন্ত (২০০৩) (জীৱনী সংকলন)

৯৪)   শ্ৰীমন্ত শংকৰদেৱ (পূৰ্ণাংগ জীৱনী)

৯৫)   বৰণীয় জীৱনৰ সান্নিধ্য (জীৱনী সংকলন)

৯৬)   গুৰুসকলৰ জীৱনৰ অজানা কথা (ৰচনা সংকলন)

৯৭)   সুহৃদৰ সংগস্মৃতি (স্মৃতিচাৰণ ৰচনা সংকলন)

৯৮)   স্বাধীনতা যুঁজৰ এজন বীৰ - উধম সিং (পূৰ্ণাংগ জীৱনী)

৯৯)   ভাৰতৰ আজোককা দাদাভাই নৌৰজী (পূৰ্ণাংগ জীৱনী)

১০০)   পদ্মশ্ৰী নলিনীবালা দেৱী (পূৰ্ণাংগ জীৱনী)

১০১)   Profile of Iron Man Bishnu Ram Medhi (ইংৰাজী সমালোচনাত্মক জীৱনী)

১০২)   Dimbeswar Neog : Life & Works (১৯৯৯) (পৰিচয়মূলক জীৱনী)

১০৩)   Assamese Language & Literature & Sahityarathi Lakshminath Bezbaroa (১৯৬৮) (ইংৰাজী সমালোচনাত্মক জীৱনী)

১০৪)   অকণিৰ ভূপেন হাজৰিকা (১৯৯৩) (পৰিচয়মূলক জীৱনী)

শিক্ষা ঃ

১০৫)   Thoughts on Education (Essay Collection)

১০৬)   শিক্ষাৰ বিভিন্ন দিশ (প্ৰবন্ধ সংকলন)

সম্পাদিত গ্ৰন্থ/আলোচনী ঃ

১০৭)   আমি (১৯৪৮) (বৰপেটা চৰকাৰী হাইস্কুলৰ মুখপত্ৰ)

১০৮)   উদয়গিৰি (আলোচনী) (১৯৬১) (ৰামমল ঠাকুৰীয়াৰ সৈতে যৌথভাবে সম্পাদিত)

১০৯)   কৰ্মযোগী মহাদেৱ দাস (২০০৪)

১১০)   দীনবন্ধু তালুকদাৰৰ 'অসম কেশৰী অম্বিকাগিৰী' (১৯৮৭)

১১১)   দীনবন্ধু তালুকদাৰৰ মৈদাম ৰহস্য' (১৯৯১)

১১২)   দামোদৰদেৱ আৰু ভট্টদেৱৰ বাণী (১৯৮৫)

১১৩)   গোবিন্দ (১৯৮৪) (আলোচনী- কেবাটাও সংখ্যা)

১১৪)   ৰাষ্ট্ৰজ্যোতি (১৯৮৭) (হিন্দী-অসমীয়া দ্বিভাষিক গ্ৰন্থ)

১১৫)   গোবিন্দ কলিতা ৰচনাৱলী (১৯৮২)

সংবাদপত্ৰ আৰু সাহিত্যিকৰ দৃষ্টিত অৰ্ণৱ জান ডেকা

■ যোৱা ত্ৰিশ বছৰ ধৰি অসমৰ সাহিত্য জগতত অবিৰতভাৱে গল্প, প্ৰবন্ধ, ৰচনা, কবিতা, উপন্যাস আদিৰ জৰিয়তে সেৰা আগবঢ়াই দিল্লীস্থ 'কথা' সংগঠনৰ পৰাও স্বীকৃতি অৰ্জন কৰা আৰু বিশ্বৰ কেবাটাও প্ৰধান ভাষা, যেনে- স্পেনিছ, জাৰ্মান, ফৰাচী, ইংৰাজী, বাংলা, ইটালীয়ান, ৰুছ আদিতঅনূদিত হোৱা গল্পৰ জৰিয়তে বিশ্ব-সাহিত্যতো পৰিচিত হৈ উঠা অসমীয়া গল্পকাৰ, অভিযন্তা অৰ্ণৱ জান ডেকা।— আজিৰ অসম (সম্পাদক-অপূৰ্ব শৰ্মা), ১১ জানুৱাৰী ২০০৭

■ গল্পকাৰ অৰ্ণৱ জান ডেকা অসমীয়া পাঠক সমাজৰ এক চিনাকি নাম। ইতিমধ্যে

'আৰাহন-ৰামধেনু যুগ'ৰ খ্যাতনামা সাহিত্যিক অধ্যক্ষ ভৱানন্দ ডেকা আৰু গল্পকাৰ-কবি-অনাতাঁৰ নাট্যকাৰ নলিনী প্ৰভা ডেকাৰ সৈতে গল্পকাৰ-নদী গৱেষক-অভিযন্তা পুত্ৰ অৰ্ণৱ জানডেকা(১৯৭৫)

তেওঁ অসমীয়া সাহিত্যলৈ অনবদ্য বৰঙণি আগবঢ়াইছে। ব্যক্তিগত জীৱনত দুৰ্নীতি, ভণ্ডামি আৰু দুতলীয়া জীৱনচৰ্যাৰ সৈতে কেতিয়াও আপোচ নকৰা অৰ্ণৱ জান ডেকাৰ ক্ষুৰধাৰ কলম অসমৰ নিষ্পেষিত অপামৰ জনসাধাৰণৰ বিশ্বস্ত মুখপাত্র হৈ অভিজাততন্ত্ৰৰ ধ্বজাবাহী নব্যধনী সামন্ত শ্ৰেণীৰ ভেটি কঁপাই তুলিবলৈ সক্ষম হৈছে। অসম ভূমিৰ পৰা মদ, ড্ৰাগছ, জুৱা, ব্যভিচাৰ, নাৰী-ব্যৱসায়, দুৰ্নীতি আৰু ঘৃণ্য ৰাজনীতি উৎখাত কৰাৰ বাবে নিৰ্ভীক প্রতিবাদী কণ্ঠ আৰু অনন্য ব্যক্তিত্বৰে অৰ্ণৱ জান ডেকাই গ্ৰহণ কৰা শক্তিশালী ৰাজহুৱা ভূমিকাই অসমীয়া পৰম্পৰা আৰু ঐতিহ্যৰ প্রতি গভীৰভাৱে দায়বদ্ধ অসমৰ নতুন পুৰুষ নতুন নাৰীৰ হৃদয়ত তেওঁক ইতিমধ্যে 'স্বপ্নৰ পুৰুষ' হিচাপে প্রতিষ্ঠা কৰিছে। — **অসমীয়া খবৰ, ১৪ ডিচেম্বৰ ২০০৫**

■ সুপুৰুষ ডেকাজনৰ পোছাকপত্ৰ পৰিপাটি। জাৰকালি পিন্ধে ছুট আৰু টাই। তেওঁ অসমীয়া সংস্কৃতিৰ কথা ক'লে শুনি আমনি নালাগে। তাকে কোৱাৰ এটা নিজস্ব ধৰণ আছে। তেওঁ সাধাৰণভাৱেই ডাঙৰ কথা এটা কৈ পেলাব পাৰে। তেওঁৰ কথাত আত্মবিশ্বাসৰ আভাস পালোঁ, কিন্তু সম্প্রতি বহু যুৱকৰ দৰে ঔদ্ধত্য দেখা নেপালোঁ। তেওঁ শিক্ষা লাভ কৰিলে চিভিল ইঞ্জিনিয়াৰিঙৰ। পিছে জীৱিকাতকৈ শিল্প-সাহিত্যৰ মনোৰম জগতখনলৈহে তেওঁৰ আকুলতা অধিক।—**সৰস্বতী সন্মান বিজয়ী ঔপন্যাসিক ড° লক্ষ্মীনন্দন বৰা, ৰংপুৰ, ২৭ জুলাই ১৯৯৩**

■ শ্ৰীঅৰ্ণৱ জান এজন টিপিকেল—আধুনিক, প্রখৰ প্রকাশৰ ডেকা। মননশীল। স্পষ্টবাদিতা তেওঁৰ ধৰ্ম।—**দাদা চাহেব ফালকে বঁটা বিজয়ী ড° ভূপেন হাজৰিকা**

■ *It is quite remarkable that even at this young age, Sri Arnab Jan Deka has the credit of writing a good number of articles on diverse topics having seminal interest.* — **গুৱাহাটী আৰু উৰিষ্যা উচ্চ ন্যায়ালয়ৰ প্রাক্তন মুখ্য ন্যায়াধীশ ডম্বৰুধৰ পাঠক**

■ শ্ৰীঅৰ্ণৱৰ সৱৰ, বিশ্লেষণাত্মক প্রতিবাদে আত্মপ্রকাশ কৰাটো আমাৰ জনজীৱনৰ বাবে এক শুভ লক্ষণ। .... আৱশ্যক হৈছে শ্ৰীঅৰ্ণৱৰ দৰে এছাম অতন্দ্র প্রহৰীৰ, যিসকলে অনুগ্রহ বা ভয়ৰ তাড়নাত সঁচাটোক সঁচা বুলি কোৱাৰ পৰা বিৰত নহয়।-—**অসম আৰক্ষীৰ প্রাক্তন সঞ্চালক প্রধান হিৰণ্য কুমাৰ ভট্টাচাৰ্য, দৈনিক অসম**

■ *अर्णव जान डेका चर्चित फिल्म समीक्षक हैं। और भारतीय सिनेमा से इनका सरोकार आज भी हैं। फिल्म महोत्सवों में इनका उपस्थिति और निर्देशकों, निर्मातओं से खुली बहस में उठे सबालों का पोस्टमार्टम करना इनकी नियति हैं।* — **संपादक,पुर्वांचल प्रहरी, (हिन्दी दैनिक) 14 मई, 1995**

■মনত অদম্য সাহস আছে আৰু মূৰত দুটামান পোক। এই পোকে কুটি থকা বাবেই ডেকাই চিন্তা কৰিব পাৰে। —সাহিত্য অকাডেমী বঁটা বিজয়ী গল্পকাৰ অতুলানন্দ গোস্বামী

■মই আৱিষ্কাৰ কৰা অৰ্ণৱ জান ডেকাৰ আটাইতকৈ ডাঙৰ গুণ হ'ল অপ্ৰিয় হোৱাৰ সাহস। মোৰাভিয়া, ক্লিল্যাণ্ড অথবা হেনৰী মিলাৰৰ সমপ্ৰতিভাৰ স্বাক্ষৰ নেদেখুৱালেও অন্ততঃ এটা কথা ক'ব পাৰি যে অৰ্ণৱ জান ডেকা লেখক হিচাপে কিছু *inhibitions*ৰ পৰা মুক্ত, অপ্ৰিয় হোৱাৰ সাহস তেওঁৰ প্ৰচুৰ—এই দুটা গুণ ঠিকমতে *channelised* কৰিব পাৰিলে, ভোগবাদে জন্ম দিয়া কিছু ভণ্ডামিৰ বিৰুদ্ধে তেওঁৰ কলম শক্তিশালী অস্ত্ৰ হৈ উঠাৰ সম্ভাৱনা আছে। —ফণীন্দ্ৰ কুমাৰ দেৱচৌধুৰী, অসমীয়া প্ৰতিদিন, ২৭ ফেব্ৰুৱাৰী ২০০০

■মোৰ প্ৰিয় অসমীয়া গল্পকাৰসকলৰ মাজত হোমেন বৰগোহাঞি, সৌৰভ কুমাৰ চলিহা, শীলভদ্ৰ, নিৰুপমা বৰগোহাঞি, মনোজ কুমাৰ গোস্বামী, অপূৰ্ব শৰ্মা, অৰূপা পটংগীয়া কলিতা, *অৰ্ণৱ জান ডেকা* আদিৰ নাম বিশেষভাৱে উল্লেখযোগ্য।...... অৰ্ণৱ জান ডেকাৰ গল্পও মোৰ ভাল লাগে।—বিশিষ্ট বাংলা অনুবাদক বাসুদেৱ দাস, দৈনিক জনমভূমি, ১২ ফেব্ৰুৱাৰী ২০০৫

অৰ্ণৱ জান ডেকাৰ একাংশ বহুচৰ্চিত গ্ৰন্থ

এফাকি ৰ'দ (কবিতা সংকলন), প্ৰথম প্ৰকাশ ঃ ১৯৮৩ চন

■"কবিৰ বিনয় আছে। সেইবাবে সৃষ্টিৰ অতৃপ্তিও আছে। ফৰ্মৰ তেওঁ অহৰহ সন্ধান কৰিছে। চুটি কবিতাবোৰেই তাৰ প্ৰমাণ। তদুপৰি তেওঁৰ আছে পূৰ্ণতাৰ হেঁপাহ। তেওঁৰ কবিতাত দেখা ইতিহাসৰ উপলব্ধিয়ে সমাজ সচেতনতাৰো ইঙ্গিত দিয়ে। কবিৰ আত্মবেদনাও তাৎপৰ্যপূৰ্ণ।" —জ্ঞানপীঠ বঁটা বিজয়ী ড' বীৰেন্দ্ৰ কুমাৰ ভট্টাচাৰ্য, প্ৰাক্তন সভাপতি, সাহিত্য অকাডেমী, প্ৰাক্তন সম্পাদক, 'ৰামধেনু' আৰু 'নৱযুগ'।

■"ভাল লাগিছে ঃ কবিয়ে নিজক যিদৰে উদঙাই দিয়ে, সেইদৰে ঢাকিও ৰাখে।" — সাহিত্য অকাডেমী বঁটা বিজয়ী জনপ্ৰিয় কবি হীৰেন ভট্টাচাৰ্য, ।

■"শব্দক উপযুক্ত ঠাইত হাজিৰ কৰাব পৰা এটা পৰিশীলিত চেতনাৰ সন্ধান তেওঁৰ কবিতা - স্তৱকত আছে আৰু আছে অন্তৰ্মুখিতাৰ হেঁপাহ। উচ্ছাসৰ সংযম আয়ত্তাধীন কৰি ৰাখিলে তেওঁৰ কবিতাৰ আকাশ ৰ'দে জ্বলমল হ'ব মোৰ সন্দেহ নাই।" —তিলক

হাজৰিকা, প্ৰাক্তন সম্পাদক, 'অসম বাণী', মুখ্য সম্পাদক, 'সাদিন', সম্পাদনা উপদেষ্টা, 'অসমীয়া প্ৰতিদিন'।

■ "কবিতাবোৰত ৰ'দ আৰু পানী সমানেই জীয়া কাৰণেই নেকি, কবিতাবোৰ জীপাল হৈছে।" — জনপ্ৰিয় কবি বিৰিঞ্চি ভট্টাচাৰ্য।

■ "অৰ্ণৱ জান ডেকাই অৰ্থব্যঞ্জক 'এফাকি ৰ'দ' শীৰ্ষক কবিতাৰ পুথি প্ৰকাশ কৰাত আনন্দ পাইছো। এতিয়া তেওঁৰ বয়স কম - ভৱিষ্যতে তেওঁৰ এই কুমলীয়া ৰ'দে ৰ'দালিৰ নিচিনাকৈ কাম কৰিব।" — সাহিত্য অকাডেমী বঁটা বিজয়ী যোগেশ দাস।

■ "অৰ্ণৱৰ কবিতা পঢ়ি তবধ মানিছোঁ। বিজ্ঞানৰ ছাত্ৰ কাৰণেই হয়তো তেওঁ ৰচা কবিতাত সুন্দৰ বিজ্ঞানসন্মত মানসিকতাৰ জিলিকনি পাইছোঁ। অৰ্ণৱৰ কবিতা পঢ়ি এটা কথা মনত পৰিছে। বিজ্ঞানী আইনষ্টাইন আৰু সংগীতকাৰ টস্কানিনিয়ে এবাৰ কোৰাকুই কৰিছিল যে বিজ্ঞান আৰু সংগীতৰ উন্নততম সৃষ্টিত বিজ্ঞানসন্মত মানসিকতাৰে তিওৱা আৰ্ট থাকে।" — দাদা চাহেব ফালকে বঁটা বিজয়ী ড° ভূপেন হাজৰিকা, প্ৰাক্তন অধ্যক্ষ, সংগীত নাটক অকাডেমী, প্ৰাক্তন সম্পাদক, 'আমাৰ প্ৰতিনিধি', 'গতি', 'বিন্দু', 'প্ৰতিধ্বনি'।

■ "চেমনীয়া কবি শ্ৰীঅৰ্ণৱ জান ডেকাৰ নতুন প্ৰতীকবাদী কবিতা সমষ্টিৰ এটা সৰু সংকলন হৈছে এই পুথিখন। কবি এজন পৰিচিত চেমনীয়া অনুশীলক আৰু তেওঁৰ ইতিমধ্যে প্ৰকাশিত লেখা সমূহত চিন্তা আৰু আলোকসন্ধানৰ প্ৰচ্ছন্ন ইংগিত দেখা যায়। বৰ্তমানৰ এই কবিতাগুচ্ছত তেওঁৰ অন্তৰ্মুখী আৰু অনুসন্ধানী কবি মানসিকতাই মন পৰশি যোৱাকৈ ভুমুকি মাৰিছে। কবিতাবোৰে এটা অনুভূতি জগাবলৈ সক্ষম।" — অসম বাণী, ১১ নৱেম্বৰ ১৯৮৩

মুক্তি (অনাতাঁৰ নাট), প্ৰথম প্ৰকাশ ঃ ১৯৮১ চন, দ্বিতীয় প্ৰকাশ ঃ ১৯৮৭ চন নাট্যকাৰ নৱম শ্ৰেণীৰ বিদ্যাৰ্থী হৈ থকা অৱস্থাতে ১৯৮১ চনত আকাশবাণী গুৱাহাটী কেন্দ্ৰই অনাতাঁৰ নাট ৰূপত 'মুক্তি' বাণীৱদ্ধ কৰি প্ৰচাৰ কৰিছিল। নৱম শ্ৰেণীৰ স্কুলীয়া ছাত্ৰ এগৰাকীৰ নাটক ৰেডিঅ'যোগে প্ৰচাৰ হোৱাৰ এই অভিলেখ এতিয়াও অক্ষুন্ন আছে। ■ "নাটকখনত লেখকে কেইটিমান কিশোৰ কিশোৰীৰ সমাজ সেৱাৰ প্ৰতি আগ্ৰহৰ কথা নাটকীয় কাহিনীৰ মাজেৰে প্ৰকাশ কৰিছে। নাটিকাৰ কাহিনী, চৰিত্ৰ - চিত্ৰণ, ঘটনা আৰু শৈলী শিশুৰ বাবে উপযোগী হৈছে।" — দৈনিক অসম, ২৩ জানুৱাৰী, ১৯৯০

অন্য এক যাযাবৰ (জীৱনৰ খণ্ডচিত্ৰ), প্ৰথম প্ৰকাশ ঃ ১৯৯৩ চন

■ "অন্য এক যাযাবৰ ড° ভূপেন হাজৰিকা পঢ়ি ভাব হয়, ভৱিষ্যতে যদি জনচনৰ জীৱনীকাৰ বচ্‌ৰেলৰ দৰে ভূপেন হাজৰিকাৰ কোনোবা জীৱনীকাৰ ওলায়, তেনেহ'লে সেইজন লোক যদি এই ডেকাজন হয়, তেন্তে হাজৰিকাক তাত কিজানি স্বৰূপত বিচাৰি পাব। পিছে এই কিতাপখন ড° হাজৰিকাৰ যাযাবৰী জীৱনৰ চেগা-চোৰোকা ছবিহে। এই ছবিসমূহে ড° হাজৰিকাৰ জীৱনৰ ভালেকেইটা মোহনীয় দিশ উপভোগ্য কৰি তুলিছে। কিন্তু পঢ়িলেই এৰিবৰ মন নোযোৱা তিনিটা কাৰণ আছে ঃ (১) লেখকৰ ভাষাত তেওঁৰ নিজস্ব ব্যক্তিত্বৰ পৰিচয় পোৱা যায়। শব্দৰ প্ৰয়োগ সতেজ। বহু ব্যৱহৃত মৃতপ্ৰায় শব্দ তেওঁৰ পছন্দ নহয়। (২) অধ্যায়সমূহ চুটি চুটি হোৱা বাবে বিৱৰণ এনে গ্ৰাফিক হৈছে যে দ্ৰুতবেগী চিত্ৰনাট্য পঢ়া যেনহে লাগে। (৩) প্ৰত্যেকটো চুটি অধ্যায়ৰ আখ্যানৰ লগত লেখক জড়িত আছে। তেওঁ আনকি ড° হাজৰিকাক গুৱাহাটীৰ ৰাজআলিত স্কুটাৰত উঠাই ফুৰাৰ বিৱৰণো আছে।" —**সৰস্বতী সন্মান বিজয়ী ঔপন্যাসিক ড° লক্ষ্মীনন্দন বৰা, ৰংপুৰ, ২৭ জুলাই ১৯৯৩**

নাৰীবাদৰ নৱক (গল্প সংকলন), প্ৰথম প্ৰকাশ ঃ ১৯৯৯, দ্বিতীয় প্ৰকাশ ঃ ১৯৯৯

■ "অসমৰ আগশাৰীৰ যুৱ লেখক আৰু স্তম্ভকাৰ, ইঞ্জিনিয়াৰ অৰ্ণৱ জান ডেকাৰ প্ৰথম গল্প সংকলন 'নাৰীবাদৰ নৱক' পাঁচটা দীঘল গল্পৰ সমষ্টি। বিভিন্ন সঁচা পটভূমিত কাল্পনিক চৰিত্ৰৰ সহায় লৈ গল্পকাৰে অসমত বৰ্তমানে এছাম নাৰীবাদী মহিলাই নাৰীবাদৰ কেনে অপব্যাখ্যা দাঙি ধৰাৰ প্ৰয়াস কৰিছে, তাকে বিভিন্ন দিশৰ পৰা বিশ্লেষণ কৰিছে। কাহিনীৰ মাজেৰে নাৰীবাদৰ প্ৰকৃত সংজ্ঞা আৰু আইনগত দিশো আলোচনা কৰা হৈছে। সুখপাঠ্য গ্ৰন্থখনৰ জৰিয়তে লেখকৰ অসমপ্ৰেম আৰু গভীৰ সামাজিক দায়বদ্ধতা পাতে পাতে উদ্ভাসিত হৈ উঠিছে। বিংশ শতিকাৰ শেষ প্ৰান্তত প্ৰকাশিত তাৎপৰ্যপূৰ্ণ গ্ৰন্থ 'নাৰীবাদৰ নৱক'এ একবিংশ শতিকাত প্ৰৱেশৰ বাবে সাজু হোৱা অসমীয়া সকলৰ বিবেক আলোড়িত কৰি 'প্ৰফেট'ৰ ভূমিকা পালন কৰিব।" — নতুন সময়, ৬ ডিচেম্বৰ, ১৯৯৯

■ "নাৰীবাদৰ যুক্তিৰে যি সকলে উচ্ছৃংখল অত্যাধুনিক জীৱনৰ পোষকতা কৰে, উচ্চশিক্ষিতৰ নামত ভোগবাদী জীৱনৰ পোষকতা কৰে, গুৰুত্ব দিয়ে ক্লাব সংস্কৃতিত, -- সেইসকল নাৰীৰ চৰিত্ৰক লৈ সৃষ্টি কৰা পাঁচটা দীঘলীয়া গল্পৰ সংগ্ৰহ 'নাৰীবাদৰ নৱক'।" --- অসমীয়া প্ৰতিদিন, ৭ ডিচেম্বৰ, ১৯৯৯

■"নিজৰ জন্মস্থান গুৱাহাটীখন ডেকাই ভালদৰে চিনি পায়। তাতকৈও ভালকৈ চিনি পায় মহানগৰ হোৱা এই চহৰখনৰ মানুহক। তাৰে এছাম মানুহৰ চাল-চলন, আচাৰ-ব্যৱহাৰ, ধৰণ-কৰণ তেওঁৰ দৃষ্টিৰে কেইটামান গল্পৰ মাজেদি তুলি ধৰিছে। যিকোনো লেখকৰ গল্পৰ সমল সদায় সমাজ জীৱনৰ পৰাই আহে। এই গল্পৰ সমাজখন যে আমাৰ গাতে লাগি আছে সেই কথা পাঠকে বিশ্বাস কৰিবলৈ টান পাব বুলি জানিয়ে এই একাষাৰ কৈ ল'লো। সংকলনটোৰ কেউগৰাকী নায়িকাই সাহিত্য চৰ্চা কৰে। দুটামানত স্বামী-স্ত্ৰী দুয়ো সাহিত্যিক, সিও বঁটা বাহনেৰে সন্মানিত সাহিত্যিক। তেওঁলোকৰ জীৱন চৰ্যাৰ এটা ঘোৰ অন্ধকাৰ দিশৰ বিপৰীতে একোটা উজ্জ্বল সামাজিক পৰিচয়ো আছে। এই দুমুখীয়া চৰিত্ৰই গল্পৰ উপজীৱ্য। গল্পকেইটাই আমাৰ মহানগৰলৈ ৰূপ ল'ব খোজা এই গুৱাহাটীৰ চকুত ছাত মাৰি ধৰা চমক সিপাৰে যে এখন অতি অন্ধকাৰ অঞ্চল আছে, তাৰ সম্যক পৰিচয় দিবলেকে অৰ্ণৱ জানে সততা আৰু আন্তৰিকতাৰে সংকলনটো পাঠকৰ হাতত অৰ্পণ কৰিছে।" —**সাহিত্য অকাডেমী বঁটা বিজয়ী গল্পকাৰ** অতুলানন্দ গোস্বামী, ৬ ডিচেম্বৰ ১৯৯৯

■"মই 'নাৰীবাদৰ নৰক' পঢ়ি নিজকে পতিয়ন নিয়াবলৈ চেষ্টা কৰি আছো – কাহিনীবোৰ সঁচা নেকি?" — দিনেশ শৰ্মা, ১০ ডিচেম্বৰ ১৯৯৯

■"Whatever be the history and definition of feminism, Arnab Jan Deka has portrayed feminism in his latest book 'Naareebaadar Narak' (The Hell of Feminism) in a very unique way. His uniqueness can be seen when he dedicates this book to those who have already passed through their young age. Arnab Jan Deka writes as if he has already gone through the experiences of a woman. He has perhaps experienced the so called 'feminist world' more closely. In the very last line of this story book Sri Deka really proves where the actual 'hell of feminism' lies.— দ্য আসাম ট্ৰিবিউন, ২৮ জানুৱাৰী ২০০০

■"অৰ্ণৱ জান ডেকাৰ 'ৰূচোমন' ছবিৰ দৰে কালজয়ী চলচ্চিত্ৰ নিৰ্মাণ কৰিব পৰা গ্ৰন্থ 'নাৰীবাদৰ নৰক'।" — গৌৰী বৰ্মন, দেওবৰীয়া অগ্ৰদূত, ১৩ ফেব্ৰুৱাৰী ২০০০

■"যদিহে এতিয়ালৈ পঢ়া নাই, তেনেহ'লে এই কিতাপখন কেতিয়াও নপঢ়িব।" – — ফণীন্দ্ৰ কুমাৰ দেৱচৌধুৰী, সন্তাৰ, অসমীয়া প্ৰতিদিন, ২৭ ফেব্ৰুৱাৰী ২০০০

■"গল্পকাৰ অৰ্ণৱ জান ডেকাৰ প্ৰথম গল্প সংকলন 'নাৰীবাদৰ নৰক' ১৯৯৯

চনত প্ৰকাশ পাইছিল আৰু গ্ৰন্থখনে এক বিতৰ্কৰ সৃষ্টি কৰিছিল। একে বছৰতে সংকলন খনৰ দুটা সংস্কৰণ প্ৰকাশ কৰি সেই বছৰত বেষ্ট-ছেলাৰৰ স্থান লাভ কৰিছিল গ্ৰন্থখনিয়ে। গল্প সংকলনখনিয়ে গুৱাহাটীয়া একাংশ তথাকথিত মধ্যবিত্ত নাৰীৰ বেপৰোৱা আচৰণক চৰম ভেঙুচালি কৰি তেওঁলোকৰ স্বৰূপ সম্পূৰ্ণৰূপে উলংগ কৰি দেখুৱাই দিছিল।" — অসমীয়া খবৰ, ১৪ ডিচেম্বৰ ২০০৫

অসমৰ জীৱন্ত কলাক্ষেত্ৰ প্ৰদীপ চলিহা (জীৱনৰ খণ্ডচিত্ৰ), প্ৰথম প্ৰকাশ ঃ ২০০৩ চন

■ অৰ্ণৱ জান ডেকাই সম্পূৰ্ণ অগতানুগতিক ৰূপত লিখি উলিয়াইছে 'অসমৰ জীৱন্ত কলাক্ষেত্ৰ প্ৰদীপ চলিহা' শীৰ্ষক কিতাপখন। নৃত্য, সংগীত, চিত্ৰকলা আৰু ভাস্কৰ্যৰ একনিষ্ঠ সাধক প্ৰদীপ চলিহাৰ জীৱন আৰু কৰ্ম আধাৰিত গ্ৰন্থখনে প্ৰয়াত ব্যক্তি গৰাকীৰ বিষয়ে জনাত পাঠকক সহায় কৰিব। — পূৰ্বাঞ্চল অভিমত (সম্পাদক ড° লক্ষ্মীনন্দন বৰা), ১৮ ডিচেম্বৰ ২০০৪

■ সৃষ্টি ধৰ্মীয় সাহিত্য আৰু তথ্যচিত্ৰ আদিৰ নিৰ্মাতা অৰ্ণৱ জান ডেকাৰ হাতত নতুনকৈ প্ৰাণ পাই উঠিছে এখন গ্ৰন্থ 'অসমৰ জীৱন্ত কলাক্ষেত্ৰ প্ৰদীপ চলিহা'। গ্ৰন্থখনত পৰিস্ফুট হৈছে গৱেষক, চিত্ৰশিল্পী, ক্ৰীড়াবিদ, অভিনেতা, নৃত্যশিল্পী প্ৰদীপ চলিহাই অসমীয়া সংস্কৃতিলৈ উৎসৰ্গা কৰা তেওঁৰ জীৱনৰ কিছু কীৰ্তি। অসমীয়া শিল্প সংস্কৃতিলৈ এইগৰাকী শিল্পী-গৱেষকৰ অৱদানে এটা ঐতিহাসিক তাৎপৰ্যমণ্ডিত মাত্ৰা আনি দিছে। সত্ৰীয়া নৃত্যৰ স্বীকৃতি, বিভিন্ন সমস্যা আৰু সমাধানৰ সূত্ৰও তেওঁ আগবঢ়াইছে। এইগৰাকী বিৰল ব্যক্তিত্বৰ জীৱন পৰিক্ৰমাৰ বিষয়ে দাঙি ধৰিবলৈ গৈ অৰ্ণৱ জান ডেকাৰ কলমৰ পৰা নিগৰি ওলাইছে উত্তৰ পুৰুষক উৎসাহিত কৰিব পৰাকৈ প্ৰদীপ চলিহাই এৰি থৈ যোৱা বিভিন্ন কৰ্মৰাজি। অসমীয়া লোক-সংস্কৃতি, শিষ্ট সংস্কৃতি আৰু ভাৰতীয় সংস্কৃতিৰ বিভিন্ন দিশৰ এগৰাকী বিশেষজ্ঞ, বহুগুণী কলাকাৰ আৰু কলাবিদ প্ৰদীপ চলিহাক জানিবৰ বাবে গ্ৰন্থখনে পঢ়ুৱৈসকলক সহায় কৰিব। — আমাৰ অসম, (সম্পাদক- ড° নগেন শইকীয়া), ১২ ডিচেম্বৰ ২০০৪

অকস্মাৎ এক আবেলি (গল্প সংকলন), প্ৰথম প্ৰকাশ ঃ ২০০৪ চন

■ গ্ৰন্থ পাঠ পৰম্পৰাৰ শুভাৰম্ভৰে অৰ্ণৱ জান ডেকাৰ গ্ৰন্থ উন্মোচন ঃ অসমৰ

এগৰাকী বহু চৰ্চিত গল্পকাৰ, আন্তৰ্জাতিক স্তৰত প্ৰসিদ্ধি অৰ্জন কৰা লেখক, তথ্যচিত্ৰ নিৰ্মাতা, গুৱাহাটী উচ্চ ন্যায়ালয়ৰ অধিবক্তা তথা অভিযন্তা অৰ্ণৱ জান ডেকাৰ সদ্য প্ৰকাশিত দ্বিতীয়খন গল্পগ্ৰন্থ 'অকস্মাৎ এক আবেলি'ৰ এটা বিখ্যাত গল্প 'মেক্সিকো চহৰত এজনী প্ৰেমিকা'ৰ এটা আকৰ্ষণীয় অংশ গল্পকাৰে নিজে আনুষ্ঠানিকভাৱে পাঠ কৰি অসমত প্ৰথমবাৰলৈ গ্ৰন্থপাঠ পৰম্পৰাৰ ঐতিহাসিক শুভাৰম্ভ ঘোষণা কৰে। উল্লেখযোগ্য যে বিশ্বৰ সৰ্বত্ৰ জনপ্ৰিয় এই গ্ৰন্থপাঠ পৰ্ব অসমত এতিয়ালৈকে চলতি হোৱা নাছিল। উল্লেখযোগ্য যে পৃথিৱীৰ বিভিন্ন দেশৰ বৈচিত্ৰময় চৰিত্ৰৰ সমাবেশেৰে নানা দেশীয় পটভূমিত ৰচিত সাতটা দীঘল গল্পৰ সংকলন 'অকস্মাৎ এক আবেলি' হ'ল এটা আমেৰিকান ব্যৱসায়িক সংস্থাই প্ৰকাশ কৰা প্ৰথম অসমীয়া গল্পগ্ৰন্থ।— আজিৰ অসম (সম্পাদক- অপূৰ্ব শৰ্মা), ১৩ ডিচেম্বৰ ২০০৪

■ 'মেক্সিকো চহৰত এজনী প্ৰেমিকা', 'হিমালয়ৰ দুপৰীয়া ঃ অংকুৰ- তপস্বী- স্বৰ্ণকেশিনী', 'চিত্ৰশালাৰ সপোন', 'প্ৰত্যাৱৰ্তন ঃ এক দুঃস্বপ্ন', 'অপেক্ষাৰ পথ ঃ ট'ৰ'ন্টোৰ পৰা গুৱাহাটী', 'অকস্মাৎ এক আবেলি', আৰু 'সামুদ্ৰিক আকাংক্ষাত ৰঙা নদী নীলা পাহাৰ' শীৰ্ষক সাতটা গল্প সন্নিৱিষ্ট গ্ৰন্থখনৰ প্ৰতিটো গল্পৰে কাহিনীভাগে জীৱনৰ বিষয়ে কিছু কথা বৰ্ণনা কৰিছে। প্ৰেম-বিৰহ তথা জীৱনৰ আদৰ্শক অগ্ৰাধিকাৰ দি ৰচনা কৰা গল্পসমূহৰ ভিতৰত 'মেক্সিকো চহৰত এজনী প্ৰেমিকা' শীৰ্ষক গল্পটো অধিক মনোগ্ৰাহী হৈছে। প্ৰতিটো গল্পৰে সুকীয়া সুকীয়া চিত্ৰ উপস্থাপনেৰে পাঠকৰ হৃদয় স্পৰ্শ কৰিবলৈ সক্ষম হৈছে গল্পকাৰৰ 'অকস্মাৎ এক আবেলি'য়ে। দেশ-বিদেশৰ চৰিত্ৰৰ সমাহাৰেৰে অসমীয়া ভাষাত প্ৰথমবাৰলৈ বৈচিত্ৰময় পটভূমিত ৰচিত গল্প গ্ৰন্থখনে মানৱ জীৱনৰ প্ৰকৃত সত্যৰ সন্ধান দিবলৈ সক্ষম হ'ব বুলি ধাৰণা হয়। গল্পকাৰৰ ভাষা সুন্দৰ আৰু সাৱলীল।' — নতুন দৈনিক (সম্পাদক- পদ্ম বৰকটকী), ১৩ ডিচেম্বৰ ২০০৪

■ গল্পকাৰ ডেকাই গল্প ক'ব জানে। সাৱলীল ভঙ্গীৰে তেওঁ গল্পবোৰ কৈ যায়। পঢ়ি গ'লে জড়তা অনুভৱ নহয়। অতিৰঞ্জিত বাক্য বা সংলাপ বা বহুৱঞ্চিতা তেওঁৰ গল্পত নাই বুলিবই পাৰি। কবিতাৰ মিতভাষিতা আৰু গল্পৰ মিতভাষিতাৰ পাৰ্থক্য আছে। গল্পকেইটাৰ যোগেদি মানৱ জীৱনৰ পৰম সত্যৰ অন্বেষণ কৰাৰ প্ৰয়াস দেখা পালেও পৰিষ্কাৰভাৱে সত্য উন্মোচিত হোৱা নাই। গল্প সংকলনখনি হৃদয় বুৰঞ্জীৰ এক দস্তাবেজ বুলিলেহে শুদ্ধ কোৱা হ'ব। কবিতাৰ ভাষাতকৈ গল্পকাৰৰ গদ্যৰ ভাষা শক্তিশালী। 'মেক্সিকো চহৰত এজনী প্ৰেমিকা' গল্পটোৰেই সংকলনখনিৰ আটাইতকৈ মনোৰম গল্প। আন দুটা ভাল লগা গল্প হ'ল

কথা-গৰীয়সী বঁটা পোৱা 'হিমালয়ৰ দুপৰীয়া ঃ অংকুৰ-তপস্বী-স্বৰ্ণকেশিনী' আৰু 'অকস্মাৎ এক আবেলি'। মুঠ কথাত, বৈচিত্ৰময় পটভূমিত ৰচিত গল্পকেইটা পাঠকে পঢ়ি ভাল পাব। — আজি, ২ জানুৱাৰী ২০০৫

■ অৰ্ণৱ জান ডেকাৰ গল্প বুলিলে ততাতৈয়াকৈ চকুৰ সন্মুখত এখন প্ৰোজ্জ্বল ছবি ভাঁহি উঠে য'ত সাধাৰণতে কাহিনীতকৈ পৰিবেশ আৰু পটভূমিৰ প্ৰাধান্য সদায়েই বেছি। সেইবাবেই তেখেতৰ গল্পবোৰ পাঠকৰ মনত সদায় সজীৱ হৈ ধৰা দিয়ে। — পূৰ্বাঞ্চল অভিমত (সম্পাদক- ড° লক্ষ্মীনন্দন বৰা) ১৯ মাৰ্চ ২০০৫

■ তেওঁৰ গল্পত আছে বৰ্ণনাৰ লালিত্য। চুটি চুটি সংলাপ, মাদকতা ভৰা অন্তৰৰ নিৰ্মল আলাপ। সঁচাকৈ অৰ্ণৱ জান ডেকাৰ গল্পত আমি পাওঁ দীৰ্ঘ ভ্ৰমণৰ এক চাক্ষুস বিৱৰণ। তেওঁৰ গল্পত গভীৰ মানৱতা, গভীৰ আশাবাদ, প্ৰেমৰ আকুতি, বিষাদ, বলিষ্ঠ প্ৰকাশভঙ্গী, ট্ৰেজিক বিষয়-বস্তুৰ গভীৰতা, প্ৰকাশভঙ্গীৰ লালিত্য, নষ্টালজিক অনুভূতি বিদ্যমান। লেখক অৰ্ণৱ জান ডেকা সৃষ্টিশীল সাহিত্যৰ সৈতে ওতঃপ্ৰোতভাৱে জড়িত। ইয়াৰ লগতে তথ্যচিত্ৰ নিৰ্মাতা হিচাপেও তেওঁ সুপ্ৰতিষ্ঠিত। অৰ্ণৱ জান ডেকাই বাস্তৱৰ সত্য আৰু উপলব্ধিবোৰকে কাল নিৰ্ণয়কাৰী সাহিত্যৰ সাজত পাঠকলৈ আগবঢ়াইছে। — অসমীয়া প্ৰতিদিন, ২৩ অক্টোবৰ, ২০০৫

■ গল্পকাৰ অৰ্ণৱ জান ডেকা অসমীয়া পাঠকৰ সমাজত এক চিনাকি নাম। ইতিমধ্যে তেওঁ অসমীয়া সাহিত্যলৈ অনবদ্য বৰঙণি আগবঢ়াইছে। এটা যুগ সৃষ্টি কৰা আলোচনী 'প্ৰান্তিক', 'গৰীয়সী' আদিতো লেখক গৰাকীৰ গল্প প্ৰকাশ পাই আহিছে। এইগৰাকী সাহিত্য সাধক তথা আইনকৰ্মী অৰ্ণৱ জান ডেকাৰ লিখনি সমূহত আছে মানৱতাৰ বাণী, তথাকথিত মধ্যবিত্ত বিলাসৰ প্ৰদৰ্শিত স্বৰূপ, অপৰাধী সমাজৰ স্খলিত চৰিত্ৰৰ চিত্ৰণ আৰু প্ৰাকৃতিক দৃশ্য, সাগৰ, নগৰ, পাহাৰ, অৰণ্যৰ অপূৰ্ব বৰ্ণনাৰ লালিত্য। সংলাপ কিছুমান গল্পত দীঘলীয়া, কিছুমানত চুটি। — অসমীয়া খবৰ, ১৪ ডিচেম্বৰ ২০০৫

অৰ্থনীতিজ্ঞ-শিক্ষাবিদ-সাহিত্যিক অধ্যক্ষ ভৱানন্দ ডেকা ঃ এক বৰ্ণাঢ্য জীৱন (জীৱনৰ খণ্ডচিত্ৰ), প্ৰথম প্ৰকাশ ঃ ৪ ডিচেম্বৰ ২০০৬

■ কামেই মানুহৰ পৰিচয়। একমাত্ৰ কামকেই জীৱনৰ ব্ৰত হিচাপে লোৱা ব্যক্তি আছিল প্ৰয়াত ভৱানন্দ ডেকা। প্ৰচাৰবিমুখ এই ব্যক্তিগৰাকীয়ে জীৱনৰ সৰহ দিন কৰ্মতেই নিয়োগ কৰি অন্য এক আদৰ্শৰ পৰিচয় দি গ'ল। সাক্ষী বহন কৰে মাথো তেওঁৰ সৃষ্টি

আৰু কাম কৰি অহা মহাবিদ্যালয় আদিয়ে। অধ্যক্ষ ভৱানন্দ ডেকাৰ কৰ্ম জীৱন আছিল বৰ্ণাঢ্য। অধ্যক্ষ ভৱানন্দ ডেকা ঃ এক বৰ্ণাঢ্য জীৱন নামৰ গ্ৰন্থখনিত অধ্যক্ষ ভৱানন্দ ডেকাৰ জীৱন আৰু কৃতিত্ব সম্পৰ্কত এটি নাতিদীৰ্ঘ প্ৰৱন্ধৰ লগতে তেখেতৰ কৰ্মৰত অৱস্থাত থকা ভালেমান ছবি সন্নিৱিষ্ট কৰিছে। উক্ত গ্ৰন্থখনিত অধ্যক্ষ ভৱানন্দ ডেকাৰ জীৱনৰ বিভিন্ন দিশৰ ওপৰত সমল পাঠকে পাব। — আমাৰ অসম, ১৩ মে' ২০০৭

ভৱ আনন্দ সংবাদ (উপন্যাস), প্ৰথম প্ৰকাশ ঃ ২০০৭ চন, প্ৰকাশক ঃ অসম

প্ৰকাশন পৰিষদ

■ Arnab Jaan Deka's novel Bhaba Ananda Sangbad has been selected for the Assam Publication Award 2006. The book was written on the life and activities of his educationist father Bhabananda Deka, who was a researcher on Sankari culture. – **The Times of India,** 10 January 2007

■২০০৬ চনৰ অন্তিম লগ্নত অসমীয়া উপন্যাসৰ জগতত তোলপাৰ লগোৱা এক অসাধাৰণ ঘটনা ঘটিল। অসমৰ বিশিষ্ট শংকৰী গৱেষক, শীৰ্ষস্থানীয় অৰ্থনীতিবিদ, সাহিত্যিক, 'কীৰ্তন-ঘোষা'ৰ ইংৰাজী অনুবাদক, শিক্ষাবিদ তথা নতুন দিল্লীস্থ কেন্দ্ৰীয় লোকসেৱা আয়োগৰ প্ৰথম আৰু একমাত্ৰ অসমীয়া জ্যেষ্ঠ বিষয়াৰূপে কাৰ্যনিৰ্বাহ কৰি দিল্লী বিশ্ববিদ্যালয়ত অসমীয়া বিভাগ প্ৰতিষ্ঠা কৰাত অগ্ৰণী ভূমিকা লোৱা কৃতবিদ্য অসমীয়া সিংহপুৰুষ অধ্যক্ষ ভৱানন্দ ডেকাৰ ছাত্ৰজীৱন আৰু সক্ৰিয় কৰ্মজীৱনৰ ভিত্তিত তেখেতৰেই পুত্ৰ তথা সু-প্ৰতিষ্ঠিত গল্পকাৰ-অভিযন্তা অৰ্ণৱ জান ডেকাই সম্পূৰ্ণ কৰা নতুন উপন্যাস 'ভৱ আনন্দ সংবাদ'এ ২০০৬ চনৰ অসম প্ৰকাশন পৰিষদৰ বঁটা লাভ কৰিছে। 'ভৱ আনন্দ সংবাদ' উপন্যাসখনে অধ্যক্ষ ভৱানন্দ ডেকাৰ বৰ্ণাঢ্য জীৱনৰ ১৯৫০ ৰ পৰা ১৯৭০ চনলৈকে সবাতোকৈ সক্ৰিয় আৰু বৈচিত্ৰ্যময় এছোৱা কাল সামৰি লৈছে। এই উপন্যাসখনে অসমৰ স্বাধীনোত্তৰ কালৰ শৈক্ষিক আৰু সামাজিক জীৱনৰ এছোৱা অতি স্পৰ্শকাতৰ সময় সামৰি লৈ বিংশ শতাব্দীৰ পঞ্চাশ আৰু ষাঠিৰ দশক দুটাৰ ইতিহাস বিবৃত কৰিছে। উপন্যাসখনিত ভাৰতীয় গদ্য সাহিত্যৰ পীঠস্থান মহাপুৰুষ ভট্টদেৱে প্ৰতিষ্ঠাপিত ঐতিহ্যমণ্ডিত ব্যাসকুছি সত্ৰত জন্মগ্ৰহণ কৰা এজন মেধাৱী ছাত্ৰই জীৱনৰ ঘাত-প্ৰতিঘাতৰ মাজেৰে সন্মুখীন হোৱা চৰম প্ৰত্যাহ্বানকো পৰাভূত কৰি

অসমৰ শৈক্ষিক আৰু বৌদ্ধিক জীৱনৰ নেতৃত্ব লৈ অসমীয়া ভাষা আৰু সাহিত্যক ভাৰতৰ ৰাজধানী দিল্লী চহৰতো প্রতিষ্ঠা কৰি অহাৰ এক অবিস্মৰণীয় কাহিনী বৰ্ণনা কৰাৰ মাজেৰে অসমৰ ইতিহাসৰ হেৰুৱা অতীত স্মৃতি পুনৰুদ্ধাৰ কৰি অসমৰ ঐতিহ্যৰ সৈতে নতুন পুৰুষক আত্মিক বান্ধোনত বান্ধিবলৈ এক অসাধাৰণ প্রয়াস কৰা হৈছে। — আজিৰ অসম (সম্পাদক- অপূৰ্ব শৰ্মা), ১১ জানুৱাৰী ২০০৭

■ **"Inspirational Appeal**

Writer Arnab Jan Deka has been a prolific writer for past several decades. The novel Bhaba Ananda Sambad has won an award for novel writing in the year 2007 instituted by the Publication Board Assam. The background of this novel is set at the dawn of the Indian independence during 1950s and 1960s, when the main character of this novel is Asomratna Principal Bhabananda Deka. The story reflects the social and educational scenario of Assam during that period. The main character of the novel Principal Deka was born in the Byaskuchi Satra, the heritage establishment of prose literature founded by Bhattadev. His father died when he was still a child, yet he was brave enough to cross all hurdles of life and after higher education he devoted his all life for the development of mother tongue and Assamese literature. Principal Deka has contributions towards the establishment of the Assamese language at the national level. This novel was written when Principal Deka was alive, but without his knowledge, and it won a prize and published after his death, perhaps a wonderful tribute to the departed soul.

The novel begins with the wonderful description of countryside of the Byaskuchi village, from where starts the glorious march of a simple boy – Bhabananda. The boy excels in the school examination and decides to study in the capital city. The description of the reaction of different village people and their expectations from this boy after he completes his studies is heart touching. The use of colloquial language in the novel have made characters more lively and touchy. As the boy reaches the capital we get a picture of the city life, the problems a boy can face when he enters the capital. But this boy is different he sticks to his basics and wears only dhoti while going to college. He wins the hearts of the college students and leads the student community at that time.

We also get the picture of the Panbazar and the nearby areas like Northbrook Gate, Dighalipukhuri, Kamakhya Temple, Bharalumukh, the famous Sheikh Brothers in Panbazar, Kelvin-Bijuli cinema halls etc. Most of the names – Nirmal Prava, Bhaben, Homen, Rammal, Lakshminandan, Prasanna, Hitesh – that find mention in the novel who are friends of Bhabananda seems to be familiar names who later on established themselves in different fields. After completing Higher education Bhabananda takes up his job in Delhi, but it was his love for his birthplace that he returns to Guwahati and starts contributing through his works. The character never did forget his country side and worked for the development of his native place as well. The first chapter and the last chapter end up almost with same description of the countryside and its people and their love, cordiality and gratitude for this boy who contributed for this village with the same feelings. This is an inspirational novel where symbolism has not found much place, rather the author preferred to translate the nostalgic past into words understandable to all wherein lies the entire strength of this novel." **–Neelotpal Deka, The Assam Tribune,** 11 July, 2008

A Stanza of Sunlight on the Banks of Brahmaputra (Poem collection jointly authored with British poet Tess Joyce), First Edition : 31 July 2009

■ "Tess Joyce was so fascinated with the Brahmaputra river's all-encompassing nature that she penned a book of poems titled 'A Stanza of Sunlight on the Banks of Brahmaputra' jointly with Assamese poet Arnab Jan Deka. Joyce, a practicing Buddhist and a strict vegetarian, says working with Deka has been a wonderful experience because of their shared love for poetry and environmental concerns. In the book, her original poems appear side by side with Assamese transliterations by Deka. Deka's original Assamese poems have been transliterated by her into English. She has tied up with an organisation to distribute the book in the UK. The book, she feels will also play a crucial role in creating the kind of awreness she is trying to develop in society. 'I hope that the book will be well received in the UK, as it will be a wonderful way to introduce the Assamese culture to Britain and to evoke the magnificence of the fragile river to a wider readership,' she says." -- **Deccan Herald**, 11 October 2009.

অৰ্ণৱ জান ডেকাৰ গ্ৰন্থৰ তালিকা

উপন্যাস

১। ভৱ আনন্দ সংবাদ, প্ৰথম প্ৰকাশ/২০০৭ চন, ২। হৃদয়ৰ দিনলিপি, প্ৰথম প্ৰকাশ/ ২০০৬-২০০১, ৩। নায়কৰ নগৰী, প্ৰথম প্ৰকাশ/ এপ্ৰিল ২০০২, ৪। মেক্সিকো চহৰত এজনী প্ৰেমিকা (২০০২), ৫। নৈশক্লাৱত বিগতযৌৱনা, প্ৰথম প্ৰকাশ/১ডিচেম্বৰ ১৯৯৯, ৬। অন্তৰৰ্ভা, প্ৰথম প্ৰকাশ /১৯৯৯-২০০০, ৭। ভাই ভাই, প্ৰথম প্ৰকাশ /মে' ২০০২, ৮। অন্ধকাৰৰ কবিতা(১৯৯৮), ৯। মই আৰু ভূপেনদা, ১০। মই আৰু অমূল্যদা, ১১। সুসময় দু:সময় (২০১১)

গল্প সংকলন

১২। অকস্মাৎ এক আবেলি —প্ৰথম প্ৰকাশ/ডিচেম্বৰ ২০০৪, ১৩। নাৰীবাদৰ নৱক —প্ৰথম প্ৰকাশ /১ ডিচেম্বৰ ১৯৯৯, দ্বিতীয় প্ৰকাশ/১৫ ডিচেম্বৰ ১৯৯৯, ১৪। হৃদয়বতীৰ সন্ধান আৰু অন্যান্য গল্প, ১৫। পাহাৰগঞ্জৰ সন্ধিয়া আৰু অন্যান্য গল্প, ১৬। প্ৰেম অসম্ভৱ —প্ৰথম প্ৰকাশ/২০১৩, ১৭। দুফৰি গাঁৱৰ নিৰঞ্জনা আইতা আৰু অন্যান্য গল্প- প্ৰথম প্ৰকাশ/২০১৭, ১৮। The Mexican Sweetheart & other Stories (ইংৰাজী), ১৯। মেক্সিকো শহরে একজন প্ৰেমিকা এবং কয়েকটা গল্প (বাংলা), —প্ৰথম প্ৰকাশ/ ২০০৯

কবিতা সংকলন

২০। এফাঁকি ৰ'দ, — প্ৰথম প্ৰকাশ /১৯৮৩, দ্বিতীয় প্ৰকাশ /২০০৯, ২১। A Stanza of Sunlight on the Banks of Brahmaputra (jointly authored with British poet Tess Joyce), — প্ৰথম প্ৰকাশ/২০০৯, ২২। তোমাৰ বুকুত বিয়পি ৰ'ব নদী, ২৩। একান্ত প্ৰেমৰ ঋতু, ২৪। মোৰ শৈশৱ-কৈশোৰৰ কবিতা , ২৫। মোৰ গীতি কবিতাৰ পৃথিৱী, ২৬। অৰ্ণৱ জানৰ নিৰ্বাচিত প্ৰেমৰ কবিতা, ২৭। অৰ্ণৱ জানৰ নিৰ্বাচিত শোকৰ

কবিতা, ২৭। অৰ্ণৰ জানৰ নিৰ্বাচিত আনন্দৰ কবিতা

বিষয় ঃ জীৱন

২৯। যৌৱন আৰু দৃষ্টি, —প্ৰথম প্ৰকাশ/ ২০১১, ৩০। জীৱনৰ ধাৰাভাষ্য(স্তম্ভলেখাৰ সংকলন), ৩১। মানুহৰ অধিকাৰ মানুহৰ দায়িত্ব(স্তম্ভলেখাৰ সংকলন), ৩২। জীৱনৰ বৰ্ণময় ৰূপ-ৰস. ৩৩। এখন নিকা সমাজৰ স্বপ্ন, ৩৪। My Vision of Youth, ৩৫। হৃদয়ৰ সংলাপ (স্তম্ভলেখাৰ সংকলন), ৩৬। সত্যৰ সিপিঠি (স্তম্ভলেখাৰ সংকলন), ৩৭। আৰক্ষীৰ চৰিত্ৰ আৰু দায়িত্ব, ৩৮। ভাৰতীয় মূল্যবোধ আৰু নৈতিকতা, ৩৯। মোৰ দৃষ্টিত নাৰী স্বাধীনতা (স্তম্ভলেখাৰ সংকলন)

গণ প্ৰচাৰ মাধ্যম

৪০। মুক্ত প্ৰকাশৰ মাধ্যমবোৰৰ প্ৰতি আগ্ৰাসী প্ৰত্যাহ্বান, ৪১। দূৰদৰ্শনৰ প্ৰসংগ

অসম

৪২। অসমৰ বিষয়ে চিন্তা-চৰ্চা, ৪৩। অসমৰ বাবে এখন অৰ্থনৈতিক ইস্তাহাৰ

ৰাজনীতি

৪৪। মোৰ দৃষ্টিত ভাৰতীয় ৰাজনীতি আৰু গণতন্ত্ৰ, ৪৫। ভাৰতীয় ৰাজনীতিত আলোকপাত, ৪৬। My thoughts on India('The Assam Tribune'ত প্ৰকাশিত ৰচনাৰ সংকলন), ৪৭। সাক্ষাৎকাৰত এজন মুখ্যমন্ত্ৰী, ৪৮। ভূপেন হাজৰিকাৰ ৰাজনীতি

কাৰিকৰী

৪৯। অভিযন্তাৰ ডায়েৰী, ৫০। ইঞ্জিনীয়াৰৰ দৃষ্টিৰে ঃ অসমৰ উন্নয়নৰ খচৰা, ১। চিভিল ইঞ্জিনীয়াৰৰ হাতপুথি

শিক্ষা

৫২। শিক্ষাৰ মাধ্যম

শংকৰী কলা আৰু দৰ্শন

৫৩। মোৰ দৃষ্টিত শ্ৰীমন্ত শংকৰদেৱ, ৫৪। আৰ্ন্তজাতিক পটভূমিত শংকৰদেৱ, ৫৫। Srimanta Sankardev : An Universal Projection, ৫৬। Srimanta Sankardev : A Visual Documentary (চিত্ৰনাট্য)

জীৱনী

৫৭। অন্য এক যাযাবৰ, —প্ৰথম প্ৰকাশ /১৯৯৩, দ্বিতীয় প্ৰকাশ/২০১১, ৫৮। অসমৰ জীৱন্ত কলাক্ষেত্ৰ প্ৰদীপ চলিহা, — প্ৰথম প্ৰকাশ /ডিচেম্বৰ ২০০৩, ৫৯। অধ্যক্ষ ভদ্ৰানন্দ ডেকা ঃ এক বৰ্ণাঢ্য জীৱন, — প্ৰথম প্ৰকাশ-২০০৬, ৬০। আমাৰ অমূল্য, ৬১। মোৰ চিনাকি ভূপেনদা, ৬২। একমেৱদ্বিতীয়ম ডঃ ভবেন্দ্ৰ নাথ শইকীয়া, ৬৩। বৰ্ণময় ৰূপত ভূপেন হাজৰিকা, ৬৪। মোৰ পৰিচিতা বিশ্ববিজয়ী অভিনেত্ৰী সীমা বিশ্বাস, ৬৫। Cinema Legend Kamal Haasan, ৬৬। বিতৰ্কৰ আৱৰ্তত ভূপেন হাজৰিকা, ৬৭। ভূপেন হাজৰিকাক অসমৰ মাটিয়ে ভুল নুবুজেতো

ব্যক্তিত্ব

৬৮। মহাজীৱন-সন্ধানীৰ সাহচৰ্য, ৬৯। হৃদয়বান সুহৃদৰ স্মৃতি, ৭০। স্মৃতিৰ দলিচাত অনন্য অসমীয়া, ৭১। স্মৃতিৰ দলিচাত অনন্য বিশ্ব-নাগৰিক, ৭২। ডায়েৰীৰ পৃষ্ঠাত কিছু

সুখস্মৃতি, ৭৩। বিশ্ববিখ্যাত চলচ্চিত্র ব্যক্তিত্বৰ সান্নিধ্য, ৭৪। ভাৰতীয় চিত্রতাৰকাৰ সৈতে মই, ৭৫। অসমৰ অর্থনীতি চর্চাৰ বাটকটীয়া অসমৰত্ন অধ্যক্ষ ভৱানন্দ ডেকা (বৌদ্ধিক জীৱনৰ খণ্ডচিত্র), প্রথম প্রকাশ-২০০৭ চন

নাটক

৭৬। মুক্তি(অনাতাঁৰ নাট), —প্রথম প্রকাশ(আকাশবাণী ঃ গুৱাহাটী কেন্দ্র) /১৯৮১, দ্বিতীয় প্রকাশ/১৯৮৭, ৭৭। মোৱামৰীয়া (১৯৮০ চনত ৮ম শ্রেণীৰ ছাত্ররূপে ৰচিত বুৰঞ্জী আধাৰিত নাটক)

উপন্যাসিকা

৭৮। শিল্পী দিৱসৰ জাৰজ সন্তান, —প্রথম প্রকাশ /১৯৯৯, ৭৯। অভিজাত অভিসাৰিকাৰ এদিন এনিশা, —প্রথম প্রকাশ /১৯৯৯, ৮০। খলনায়িকাৰ হাঁহি, —প্রথম প্রকাশ /২০০৪

চলচ্চিত্র

৮১। ৰূপালী পর্দাত ৰূপৰ সন্ধান, ৮২। চলচ্চিত্রত সামাজিক দায়বদ্ধতা, ৮৩। অবিস্মৰণীয় চলচ্চিত্রৰ মণ্টাজ, ৮৪। দেশ-বিদেশৰ চলচ্চিত্র, ৮৫। চলচ্চিত্রৰ অস্কাৰ, ৬। বিশ্ব চলচ্চিত্রৰ মহানায়কসকল, ৮৭। ভাৰতীয় চলচ্চিত্রৰ জনদিয়েক মহীৰুহ, ৮৮। নতুন তথ্যৰ আলোকত ঃ ভাৰতীয় চলচ্চিত্র প্রকৃত বাটকটীয়া, ৮৯। নতুন চলচ্চিত্রকাৰৰ হাতপুথি

ভ্রমণ

৯০। স্মৰণীয় ভ্রমণৰ দিনলিপি, ৯১। দক্ষিণৰ হলীউদত কিছুদিন, ৯২। ভাৰতীয় প্রতিনিধিৰ সাজত আন্তর্জাতিক চলচ্চিত্র মহোৎসৱত, ৯৩। বোম্বে চলচ্চিত্র সমাৰোহৰ ডায়েৰী

অসমীয়া চলচ্চিত্র

৯৪। অসমীয়া চলচ্চিত্রৰ ৰস সন্ধান, ৯৫। অসমীয়া চলচ্চিত্রৰ উন্নয়ন ঃ মোৰ চিন্তা-ভাৱনা, ৯৬। মোৰ দৃষ্টিৰে থলুৱা চলচ্চিত্র ঃ কলা আৰু বাণিজ্য

সাহিত্য

৯৭। মোৰ ৩০ বছৰীয়া সাহিত্যিক জীৱনৰ স্বপ্ন আৰু সাধনা —প্রথম প্রকাশ /২০০৮, ৯৮। গ্রন্থৰ পৃথিৱীত এভুমুকি, ৯৯। অসম সাহিত্য সভাৰ আঁত ধৰি, ১০০। মোৰ নির্বাচিত সম্পাদকীয়, ১০১। মোৰ বিভিন্ন সাময়িক ৰচনা, ১০২। মোৰ কৈশোৰৰ ৰচনাবোৰ, ১০৩। পত্রবান্ধৱীলৈ মুকলি চিঠি, ১০৪। শিশুৰ কল্পনাৰে এটা ভূতৰ সপোন, ১০৫। কথা, গৰীয়সী আৰু মই , ১০৬। নবীন লেখকৰ হাতপুথি

আইন

১০৭। অধিবক্তাৰ ডায়েৰী(স্তম্ভলেখাৰ সংকলন), ১০৮। সাধাৰণ ৰাইজৰ বাবে আইন, ১০৯। নতুন অধিবক্তাৰ হাতপুথি

বিবিধা

১১০। সাধাৰণ জ্ঞানৰ বাহাদুৰী, —প্রথম প্রকাশ /২০০০ , ১১১। সংস্কৃতি কথা, ১১২। My Encounters with People & Events

সাক্ষাৎকাৰ

১১৩। সাক্ষাৎকাৰত কমল হাসন, ১১৪। সাক্ষাৎকাৰত খুশৱন্ত সিং, ১১৫। সাক্ষাৎকাৰত ভূপেন হাজৰিকা,

সম্পাদিত গ্ৰন্থ

১১৬। মোৰ কবিতা ঃ অধ্যক্ষ ভৱানন্দ ডেকা –প্ৰথম প্ৰকাশ/২০০৭, ১১৭। Jewel of Assam Principal Bhabananda Deka --প্ৰথম প্ৰকাশ/২০০৮, ১১৮। Last Testament of Principal Bhabananda Deka --প্ৰথম প্ৰকাশ/২০০৯, ১১৯। Iron Man of Assam Bishnuram Medhi by Principal Bhabananda Deka --প্ৰথম প্ৰকাশ/২০১০, ১২০। ভূপেন হাজৰিকা, ভৱানন্দ ডেকা, মামণি ৰয়ছম গোস্বামী ঃ তিনি অসমৰত্ন তিনি বাটকটীয়া— প্ৰথম প্ৰকাশ/২০১১, ১২১। Dharmatatva (Author-Principal Bhabananda Deka)(Assamese) (2012), ১২২। 5 Centuries of Assam Economy (Author-Principal Bhabananda Deka)(Assamese) (2013), ১২৩। From the Pages of Awahon-Ramdhenu (Author-Principal Bhabananda Deka)(Assamese) (2013), ১২৪। Assamese Language-Literature & Sahityarathi Lakshminath Bezbaroa (Author-Principal Bhabananda Deka, Dr Parikshit Hazarika etc.)(English) (2014), ১২৫। Sahityik Dampati Adhyaksha Bhabananda Deka Nalini Prava Deka (Assamese) (2014), ১২৬। An Extraordinary Assamese Couple(English) (2015), ১২৭। Sreemanta Sankaradeva (Author-Prof. Bhabananda Deka) (English) (2015), ১২৮। Awahon-Ramdhenu Jugor Xahityik Adhyaksha Bhabananda Deka (Assamese-English) (2015), ১২৯। Dui Mohiyoxi Priyam Hazarika Nalini Prava Deka (Assamese-English) (2015), ১৩০। Sankardevar Jiban-Karmat abondan aagborhowa Mohiyoxixokol by Nalini Prava Deka (Assamese) (2016), ১৩১। Sankardev's Kirtan Ghosa by Principal Bhabananda Deka --প্ৰথম প্ৰকাশ/ ২০১৬, ১৩২। উত্তৰ-পূব ভাৰতৰ হাজং জনগোষ্ঠী ঃ সমাজ আৰু সংস্কৃতি— অধ্যক্ষ ভৱানন্দ ডেকা—প্ৰথম প্ৰকাশ/২০১৮

সম্পাদিত কাকত-আলোচনী

১৩৩। গান্ধাৰ, –প্ৰথম প্ৰকাশ/১৯৮৭, ১৩৪। JEC News, –প্ৰথম প্ৰকাশ/১৯৮৯, ১৩৫। Voice, –প্ৰথম প্ৰকাশ/২০১০, ১৩৬। Antaranga JEC 1987-91, –প্ৰথম প্ৰকাশ/২০১৬

হাজং জনগোষ্ঠী সম্পৰ্কীয় কিছু আলোকচিত্ৰ আৰু বাতৰি

পৰম্পৰাগত পোছাক পাঠানি পৰিহিতা এজাক হাজং গাভৰু

হাজং গাভৰু অনুপমাৰ সৈতে
প্ৰয়াত নলিনী প্ৰভা ডেকা

মেঘালয়ৰ প্ৰথম অসমীয়া হাজং মন্ত্ৰী ধৰল চন্দ্ৰ
বৰ্মন আৰু তেওঁৰ পৰিবাৰ শ্যামলা দুফৰি গাঁৱৰ
নিজা ঘৰৰ পদুলিত

জনসাধাৰণ

e-paper : www.janasadharan.in

প্ৰথম সংস্কৰণ

দৈনিক সংবাদ-সমীক্ষাৰ পত্ৰিকা

একাদশতম বছৰ ৪ সংখ্যা ১৮৬ ৪ সোমবাৰ

মূল্য ঃ ৬ টকা

২৮ আঘোণ, ১৯৩৯ শক ৪ ১১ ডিচেম্বৰ, ২০১৭ চন, মুঠ পৃষ্ঠা ১২

Guwahati, Patimadhawa ৪ Vol. 11th ৪ Issue 186 ৪ Monday, 11th December, 2017, Total Pages 12

RNI Regn. No. ASS ASSXXX/2008

হাজং জনগোষ্ঠীৰ গৱেষক ড. অনন্ত দেৱ, কলিতাচাৰে জেলা তথা পৰিষদৰ সভাপতি চতুল হাজংক গ্ৰন্থ উন্মোচন কৰি

হাজং জনগোষ্ঠীৰ ভিনিখন গ্ৰন্থ উন্মোচন

হাজং উপাস্য দেৱতাৰ মন্দিৰৰ সন্মুখত পৰম্পৰাগত পাঠানি পৰিহিতা
এগৰাকী বিবাহিতা হাজং মহিলা

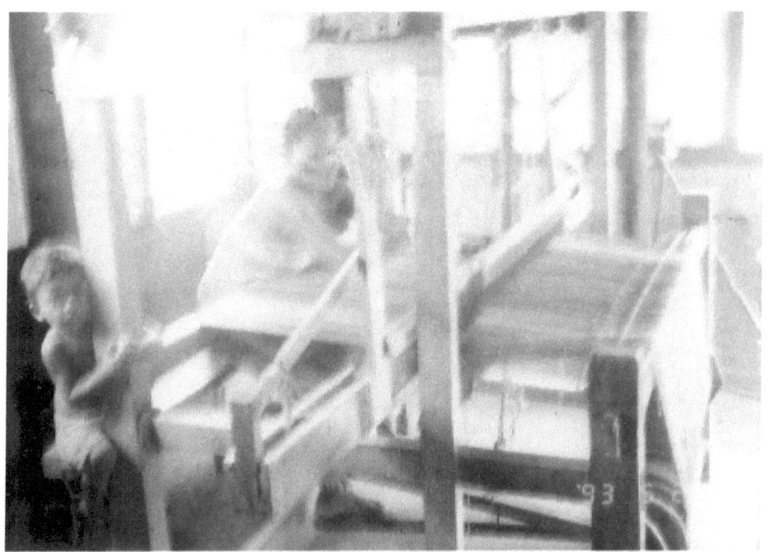

তাঁতশালত ব্যস্ত এগৰাকী হাজং মহিলা

খেতিপথাৰৰ পৰা ডাঙৰি কঢ়িওৱা অৱস্থাত এজন হাজং ডেকা

হাজং জনগোষ্ঠীৰ বিষয়ে গৱেষণা কৰি থকা সময়ত প্ৰয়াত অধ্যক্ষ ভবানন্দ ডেকাই নিজহাতে লিখা টোকাসমূহ

বাতৰি কাকত

RNI REGD. NO. ASSASS/2013/51835 • e-paper: www.batorikakatpublication.co.in • email: batorikakat@rediffmail.com

অধ্যক্ষ ভবানন্দ ডেকা-নলিনী প্ৰভা ডেকা স্মাৰক বক্তৃতা সম্পন্ন

হাজং জনগোষ্ঠী সম্পৰ্কীয় তিনিখন গ্ৰন্থ উন্মোচন

www.ingramcontent.com/pod-product-compliance
Lightning Source LLC
Chambersburg PA
CBHW031410250726
48656CB00002B/626